体育产业发展的理论与实践研究

王艺淞 著

吉林人民出版社

图书在版编目(CIP)数据

体育产业发展的理论与实践研究 / 王艺凇著 .
长春：吉林人民出版社 , 2024.4. -- ISBN 978-7-206
-20997-0

Ⅰ . G812

中国国家版本馆 CIP 数据核字第 2024G0N346 号

体育产业发展的理论与实践研究
TIYU CHANYE FAZHAN DE LILUN YU SHIJIAN YANJIU

著　　者：王艺淞	
责任编辑：王　丹	封面设计：孟晓俊

吉林人民出版社出版 发行（长春市人民大街 7548 号） 邮政编码：130022
印　　刷：河北万卷印刷有限公司
开　　本：710mm×1000mm　　1/16
印　　张：14　　　　　　　　　　　字　　数：202 千字
标准书号：ISBN 978-7-206-20997-0
版　　次：2024 年 4 月第 1 版　　　　印　　次：2024 年 4 月第 1 次印刷
定　　价：98.00 元

如发现印装质量问题，影响阅读，请与出版社联系调换。

前　言

随着社会的进步与发展，我国体育产业步入转型升级的关键期，要想增强市场竞争力，就要不断创新，促进体育产业的发展。我国的体育产业虽然起步较晚，但是如今已成为我国经济社会的重要组成部分，科学有效的管理是体育产业优化发展的关键。在"体育强国"的号召下，我国体育产业不断更新管理理念，调整管理机构设置，全方位优化管理体制并不断探索行之有效的经营方法，将理论与实践结合，这样才能在一定程度上推动我国体育强国梦的实现。2022年我国已迈入"十四五"规划布局中，未来20年体育产业将开启加速发展模式。

本研究首先从体育产业的基本理论出发，在深度把握体育产业基本概念、起源与发展的基础上，进一步阐述了体育产业的基本理论、发展思路等内容，为后文的阐述奠定了基础；其次对休闲体育产业的发展、体育俱乐部的发展进行了详细的分析；最后对体育发展的模式创新与实践路径进行了探究，并通过一些案例进行了进一步的探讨。本书以理论研究为基础，力求对体育产业发展的运营与实践进行全方位、立体化的分析，以期为体育产业的发展贡献微薄之力。本书具有较大的应用价值，可供从事相关工作的人员参考和借鉴。

目 录

第一章 体育产业概述 ···001
 第一节 体育产业的概念与分类 ······························001
 第二节 体育产业的起源与发展 ······························004
 第三节 体育产业的属性与特征 ······························012

第二章 体育产业基本理论 ·······································016
 第一节 体育产业结构基本理论 ······························016
 第二节 体育产业组织基本理论 ······························024
 第三节 体育产业政策基本理论 ······························048

第三章 体育产业发展的思路 ···································063
 第一节 创新体育产业管理体制 ······························063
 第二节 注重相关人才的培养 ·································069
 第三节 铸造品牌与核心价值 ·································080

第四章 休闲体育产业的发展 ···································085
 第一节 休闲体育产业简述 ····································085
 第二节 休闲体育产业发展中的经营及实践 ··············091
 第三节 休闲体育产业发展中的管理及实践 ··············117

第五章　体育俱乐部的发展 ……131
第一节　体育俱乐部简述 ……131
第二节　商业体育俱乐部的运营 ……136
第三节　职业体育俱乐部的运营 ……144
第四节　业余体育俱乐部的运营 ……153

第六章　体育产业发展的模式创新及实践路径 ……169
第一节　体育产业与旅游业融合发展模式及实践路径 ……169
第二节　新媒体时代体育竞赛表演发展模式及实践路径 ……185
第三节　互联网环境下体育产业服务发展模式创新及实践路径 ……188
第四节　民族传统体育产业融合发展模式及实践路径 ……199

参考文献 ……212

第一章 体育产业概述

第一节 体育产业的概念与分类

一、体育产业的概念

如今,体育产业在全球范围内蓬勃发展,尤其在发达国家已建立起完善的发展体系和模式。然而,对于为体育产业确立一个明确的定义,学术界尚无共识,学者们对此持有各种不同的见解。下面,笔者将对体育产业的概念进行深入和全面的分析。

(一)体育产业的广义定义

从广义上说,体育产业是那些与体育相关的生产经营部门的总和,包括体育健身、比赛竞技、体育传媒、体育用品经销业等。

通过对其了解,可以发现最大的问题就是外延泛化。具体来说,在这种说法里生产物质产品的企业也被划到了体育产业的范围,但无法解释以下问题:物质产品的产品属性和服务或者劳务行业的产品属性是完全不同的,不可以相互替换,所以这两类产品与同一商品市场的产品划分标准不符;在生产技术和工艺上,物质产品与服务或劳务产品的不同也非常明显。可以说这种说法不符合经济学原理,也不符合逻辑。

（二）体育产业的狭义定义

从狭义上说，体育产业是生产和提供体育服务或劳动产品的企业，或者是向全社会提供各种体育服务的行业。这种说法的主要特点有：注重产品的非物质性，存在形式是劳务或服务，满足人们身心需要，生产过程就是消费者参与的过程。

之所以说"体育产业外延的狭义说"和产业经济学理论与逻辑学是相符的，主要是因为以下两点。

第一，针对体育服务产品或提供这些服务的企业，体育产业的生产和供应过程已经被明确界定，并且这些产品的同质化特性与某些经济属性相符。这种对产业的定义，以商品市场为基础，其分工规律与之保持一致。

第二，体育运动服务或者说劳务产品在生产过程和技术工艺上也存在着一定的相似性，都以人为尺度，在投入上的需要也较为相似。

二、体育产业的分类

体育产业可以说是能够满足人们对体育的多样化需求的所有生产性组织和经营性组织的集合，范围广泛，涵盖体育用品制造、销售业、体育设施搭建维护业、体育相关服务业等。如果进行分类的话，大致可分为四类：体育本体产业、体育相关产业、体育延伸产业和体育边缘产业。

（一）体育本体产业

体育本体产业是体育产业的核心，指的是根据体育自身特性而进行生产、服务的部门，是一种产业部门群。体育核心产业是基于体育竞赛市场而建立的。这一产业通过整合市场资源来推动体育行业的整体发展，并管理与体育赛事相关的各种资源。在体育核心产业发展的大框架中，由于其独特性和国内外市场环境的差异，不同的赛事（包括竞技和表演项目）采用不同的方法来构建各自独特的产业链。

体育竞赛市场是一个多层次的概念，研究的角度分为纵向和横向两个。体育本体产业是由各种层次的体育运动比赛市场构成的。在我国，20世纪90年代初，随着体育项目管理体制改革的深入，体育竞赛市场有了长足的发展，实施了各种新制度并适应了商业化的发展，如出现了俱乐部和联盟，举办各种锦标赛、大奖赛，为各类体育竞赛市场提供培训等。

（二）体育相关产业

体育相关产业说的是和体育有一定关联的，在其他产业中的生产和经营活动。与体育本体产业最大的不同在于，进行相关经营的组织并不归体育部门管理。这一类服务覆盖范围广泛，包括运动场地的修建维护、出租各类体育器材、训练服装的经营、运动功能性饮料和健身瘦身食品的销售、体育比赛中广告和媒体的经营与管理等。它是产品生产与服务部门相结合的横向递进关系结构。体育相关产业生产的基本上是有形的实体，如体育用品、器材、运动服装、鞋帽等。

（三）体育延伸产业

体育延伸产业说的是体育产业在发展过程中与周围融合形成的综合性的行业集群，与体育沾边，但并不与体育有实质上的联系。最常见的体育延伸产业要数体育彩票了。体育延伸产业生产的基本上是无形产品，它是一种产业网络，是若干产业链的纵横交错和延伸。

（四）体育边缘产业

体育边缘产业也属于体育相关产业，体育边缘产业说的是那些为了让主体产业获得更多利润而存在的，进行附属设施和配套项目建设的产业。例如，为了更好地享受竞技体育比赛或表演，为人们提供餐饮、住宿、纪念品、明星卡等服务。虽然这些业务内容不与运动直接相关，但它们也是体育产业环境的一部分。

第二节 体育产业的起源与发展

体育产业的起源与发展是一个体育运动逐渐走向商业化、职业化并与其他行业不断融合的过程。简单来说，就是从单纯的娱乐活动，到与其他行业（如广告传媒行业）相结合，发展成为能够带动经济发展、促进消费、带来利润的产业。体育产业自诞生以来，已走过近一个世纪。随着人们消费水平和生活质量的显著提升，人们对体育的消费需求也迅速增长。各种体育物质产品和服务产品应运而生，体育的健身和娱乐功能逐渐转化为经济功能，标志着现代体育产业地位的确立。到目前为止，体育产业已经成为发达国家国民经济中的一个重要组成部分。

一、体育产业的起源

体育作为一项产业最早起源于英国，这一观点基本上得到了世界范围内学者们的认可。1750年发生了一个历史性的事件——一家英国贵族赞助的赛马俱乐部成立了。当然，只是成立俱乐部并不是多么值得载入史册，但这家俱乐部的经营是所有权和经营权分离的，这开创了现代体育俱乐部法人的管理结构与制度安排模式。并且，这种模式迅速在板球、拳击等当时火热的运动项目中得到了推广和应用。

在这一时期，慢慢出现了国家范围内的体育比赛，后来国际体育比赛体系开始建立起来，体育明星也应运而生。体育比赛成为人们生活中不可缺少的一部分，与体育比赛相关的新闻报道逐渐增多。体育比赛对相关产业的带动作用开始显现，同时体育比赛表现出越来越大的社会影响力。

历史的车轮转到工业革命的时候，英国的体育发展也到了关键的时刻。由于工业革命带来了巨大资本，体育比赛在体育组织、比赛规则、经营机制等方面都进入了现代资本运作时期，不断朝着更加专业化的方向发展。在这一时期，职业体育俱乐部成立了，职业俱乐部制度后来成了欧洲职业体育的主导模式。

酷爱运动的美国人对现代体育产业的发展同样起着不可忽视的作用。美国在体育产业方面取得了显著成就，尤其是在商业化体育项目的发展上，如篮球。美国人创造了现代体育职业化和商业化的重要组织形式——联盟体制。这一体制在确立体育作为一个产业的地位上起到了关键作用。

19世纪初，众多美国年轻人仿效英国的风格，纷纷成立了自己的体育俱乐部。然而，他们很快意识到，俱乐部难以获得像英国贵族那样的慷慨赞助，这使得维持俱乐部的运作成为一个问题。面对这种困境，美国人开始考虑采用盈利模式来运营俱乐部。

随着20世纪的到来，美国在职业体育界首创并逐步完善了所谓的联盟体制。这一体制的本质是，职业队的所有者为了最大化自身的利益，将运营权委托给行业专家，这些专家代表所有者来管理和运营联盟。联盟体制的关键特征是所有权与运营权的分离，这种体制是根据现代企业的运作模式来设计和建立的，既是经济层面的合资企业，也是法律层面的合作体。目前，美国不仅有众所周知的职业篮球联赛（NBA），还有棒球大联盟（MLB）、全美橄榄球联盟（NFL）、全美冰球联盟（NHL）和足球大联盟（MLS）等，都创造了令人瞩目的商业奇迹。而这些成就的背后，是联盟体制这一独特的组织结构和制度安排。

体育产业的发展不仅与竞技运动的职业化紧密相关，还与全球大众体育的普及和健身娱乐产业的快速增长密切相关。虽然在18~19世纪西方主要资本主义国家的上层社会已经有了一定规模的体育健身和娱乐消费，但当时的规模较小，未形成一个成熟的产业。直到20世纪中期，体育健身和娱乐消费才开始朝着大众化、普及化和日常化的方向发展，从而使大众体育获得了产业地位。在短短几十年间，新兴的体育健身和娱乐产业在规模和产值上已经超越了最初的竞技表演产业，成为全球体育产业的主要推动力。这一变化不仅体现了体育产业的多元化和全球化趋势，也反映了人们对于健康和休闲生活方式的日益重视。这些发展共同推动了体育产业的快速成长和繁荣。

二、体育产业的发展

处于大数据时代，中国体育产业正经历关键的转型与升级阶段。通过不断创新发展模式并融合信息技术，这一行业正在提升其发展质量和效率，为中国经济的持续健康增长作出贡献。

（一）大数据背景下我国体育产业高质量发展的机遇

1. 发展环境变化

在大数据时代，体育产业的发展环境发生了深刻变化。传统的单一信息获取方式已经转变为现代的多元化和全方位的信息获取渠道。这一转变不仅极大地丰富了体育产业的发展方式，还为其打开了更广阔的发展空间。如今，体育产业可以依托这些丰富的信息来源，挖掘出更多有价值的洞察，从而促进其更健康、更可持续地发展。

2. 供需趋于合理

当前，大数据技术已成为推动体育产业向高质量发展转型的核心力量。这种技术的运用有效地促进了体育产业供需两端的合理化。首先，大数据提供了更加精确和全面的信息支持，使体育产业的供给更加精准，满足了市场的具体需求。其次，大数据的应用还使体育产业能够根据市场需求提供富有个性化的服务，从而更好地满足消费者的多样化需求。最后，大数据的运用也使体育产业能够灵活应对市场环境的变化，通过分析大量数据来准确把握用户需求，进而调整和优化发展策略及模式。为了应对当前的发展趋势，体育产业应积极采用大数据技术，结合线上线下的混合发展模式，不断提升服务质量。通过这样的方式，体育产业可以更有效地满足消费者对体育产品和服务多样化的需求，实现供需的动态平衡和高效匹配，推动整个行业的发展。

3. 体育消费升级

在快节奏的生活背景下，人们对体育消费的观念和方式正在发生着深刻变化。为了适应这种快速消费的需求，运用现代化技术工具变得尤为关键。中国体育产业应密切关注消费者的这些变化，利用大数据平台深入分析和理解不同消费群体的独特需求。通过向这些群体推介符合他们的消费习惯和特点的体育产品和服务，不仅可以激发他们的购买兴趣，还能更好地满足他们日益多样化的消费需求。这种策略有助于提高消费效率，加强消费者与体育产业之间的紧密联系，推动体育产业的持续发展和消费升级。

（二）体育产业未来的发展方向

1. 实现资源共享

在现代社会中，大数据技术的应用为体育产业提供了新的发展机遇，尤其是在资源共享方面。以下是体育产业在大数据支持下实现资源共享的几个关键点。

（1）筛选有效信息。在海量信息时代，中国体育产业面临的一个关键任务是从众多数据中筛选出真正有价值的信息。尽管这个过程既费时又耗精力，但通过共享这些重要的信息和数据，可以有效地促进市场的活跃度，为体育产业的高质量发展提供动力。因此，体育产业需要逐渐更新其发展观念，树立资源共享意识，并建立一个完善的信息共享与协同发展机制。

（2）构建共享数据库。体育产业应利用当地的体育特色，建立一个与地方体育产业发展相匹配的共享数据库。将有价值的体育信息汇聚到这个数据库中，供其他体育产业单位参考使用，最大化地利用信息共享的优势，同时减轻市场竞争压力。通过这种方式，不仅可以加强体育产业间的交流和合作，还能推动整个行业向着更协调、更高效的方向发展。

（3）利用互联网平台。大数据技术可以帮助体育产业打破时间和空间的限制。例如，通过互联网平台创设线上体育培训课程，消费者可以在家中进行专业体育锻炼。此外，利用网络平台优化资源配置也是一个重要方向。例如，通过创建专门的APP帮助消费者出售或交换闲置的体育器材，同时在APP中展示当地的体育资源，如附近的运动馆、器材店等，从而促进体育产业的长效稳定发展。

（4）优化资源使用。在大数据技术的支持下，有限的体育资源能够发挥出最佳效益，降低生产成本，实现真正意义上的资源共享。这不仅提升了体育产业的运营效率，也为消费者提供了更加丰富、便捷的体育服务。

综上所述，借助大数据技术，中国体育产业正朝着资源共享、高效运营和市场活力提升的方向迈进，这将为体育产业的长远发展注入新的活力。

2.建立体育平台

为了适应我国体育消费群体多样化和全面化的特点，体育产业需要依托先进的信息技术，构建一个全方位、系统化的体育服务平台。这样的平台能够提升服务的精准性和有效性，提高服务质量，增强产品的吸引力，进而实现高质量的产业发展。各地区的体育产业应依据自身的特色和发展需求，建设具有地域特色的体育平台，提供独特且个性化的体育服务，从而增强消费者的体验感。例如，在北方地区，利用冰雪项目的特色，可以吸引大量南方的体育消费者。在这种情况下，北方地区的体育产业应准确把握这一消费者群体的特殊需求，提供高效便捷的体育服务。运用大数据技术，北方地区可以创建一个特色突出的体育服务平台，专注于展示当地的滑冰场、滑雪场等运动设施，为消费者提供明确的消费指南。此外，平台还可以提供各种滑雪、滑冰相关的设备和保护装备，帮助消费者快速确定并精确消费，满足他们的具体需求。这种创新的体育服务平台不仅便利了消费者，还推动了体育产业的精准发展和市场拓展。通过这种方式，体育产业不仅能够提供更加丰富和专业的服务，还能够根据消费者的变化趋势及时调整和优化服务内容，确保持续的市场竞争力和产业活力，最终将促进整个体育产业链的高效运作和持续增长。

3. 产业融合发展

体育产业在推动转型和实现高质量发展的进程中，必须与其他行业深度融合，以促进更加全面和多元的发展。作为服务行业的重要组成部分，体育产业的核心使命在于丰富人们的休闲生活，提高人们的生活质量。在这个过程中，体育产业应以服务为核心，与文化、娱乐、旅游等行业紧密结合，提供更加多样和丰富的服务体验，从而助推国家经济的持续增长。

当前，中国的体育产业已经与一些行业融合，并为这些行业注入了新的活力。例如，体育娱乐、体育养老和体育健康等融合型产业，在稳定和促进国民经济发展方面起到了重要作用。在举办大型体育赛事和活动时，体育产业应积极寻求与旅游业、自媒体等行业的融合机会。举办城市通过大型体育赛事获得广泛关注，进而带动当地旅游业的繁荣。同时，体育产业还可以通过与自媒体平台的合作，利用短视频等新媒体形式传播体育文化，提升社会影响力。随着城市建设的不断完善，体育设施已成为公众休闲娱乐的重要场所。在这种背景下，体育产业与房地产业的融合，可以为公众提供更加规范和优质的休闲空间。另外，鉴于我国人口日益老龄化，养老和健康产业拥有巨大的市场潜力，体育养老等融合型产业在服务业中具有广阔的发展空间。因此，体育产业应把握这一发展趋势，与各类服务产业开展合作，为人民群众提供全面、综合的服务。

4. 提升科技含量

在当前的发展背景下，中国体育产业要想实现跨越式发展，关键在于提升产品的科技含量。这意味着需要在科学技术的支撑下，不断提高产品质量和丰富产品内容，以提升市场竞争力。例如，体育表演产业可以通过科技手段进行复杂数据分析，如球员的场上贡献和对手球队的得失分情况，以增强比赛的观赏性，刺激消费者的购买欲望。

高科技含量的体育产品是吸引消费者的关键因素。因此，我国体育产业在其发展中应致力于提升产品的科技含量，生产更高端的体育产品，将中国体育推向国际舞台。此外，体育产业还应将科技融入其营销策略中。目前，我国部分体育产业在产品营销上存在过度推广的问题，这可能引起消费者的反感。为了解决这一问题，体育产业可以将科技与营销策略相结合，将传统的单一营销模式转变为高端、多元的营销机制。这种转变不仅能为体育产业带来更多的经济效益，还能提升其在社会上的影响力和价值。

（三）体育产业的发展策略

1. 完善人才机制

为了促进体育产业的持续和高效发展，必须完善体育人才培养机制。加强体育人才的全方位培养尤为重要，尤其是要培养人才的大数据技术，以提升体育从业人员的综合技术和管理能力，为产业发展提供坚实的人力支撑。例如，体育产业可以与教育机构合作，将大数据时代对体育人才的特殊需求融入体育院校的教育内容中。通过开设大数据与体育结合的综合专业，不仅可以培养具有现代技术技能的体育人才，还能够为产业的创新和发展培育复合型高端人才。此外，体育产业还应关注体育人才的职业发展和薪酬待遇，确保他们有清晰的职业发展路径和充分的激励机制，激发他们对未来体育行业发展的信心。在人才选拔和应用过程中，应强调候选人的综合能力和潜力，以此作为评价的重要标准。同时，体育从业人员也应主动适应时代变革，更新自己的知识体系和技能，以适应产业发展的新需求。

2. 提升服务质量

在激烈的市场竞争中，提高服务质量成为中国体育产业实现高质量发展的关键所在。随着大数据技术的广泛应用，体育产业既迎来了发展的新机遇，也面临着前所未有的挑战。为了巩固市场地位，体育产业需要从提升服务质量入手，缩短与消费者的距离，以提升消费者的品牌忠诚度并促使他们持续消费。在消费观念日益多元化的今天，消费者对体育产品的时尚性、多样性和社交性越来越关注。因此，体育产业在开发新产品时，应密切关注并满足这些需求，为消费者提供符合其期待的高质量产品和服务。这不仅能有效吸引消费者，还能长期留住他们。推动体育产业的高效发展，首要任务是运用大数据技术，对消费者需求进行精细化分析。通过深入了解不同消费群体的消费心理和行为模式，体育产业可以为每一类消费者提供更加个性化和智能化的服务。接下来，通过深入挖掘不同消费者的兴趣和喜好，尊重他们的个性化需求，并基于这些特点对体育产品的功能、定价和服务进行综合性的优化和升级。这样做不仅能吸引消费者，还能提高他们的满意度，从而增加消费欲望，并带动更多人消费。

体育行业应从战略层面精确把握市场的主流消费趋势和需求，重点优化体育产品，同时平衡社会效益和经济效益，为实现可持续发展奠定基础。此外，在提升线下服务方面，大数据技术的应用也十分关键。如今线上线下混合运营模式成为体育产业的主要模式，但对线下元素的关注仍然重要。体育行业应将线下服务与大数据技术相结合，为消费者提供更专业和高效的服务体验。例如，可以利用专业软件提供当地大型体育场馆的详细位置信息，采用线上预订与线下体验相结合的购票方式，向消费者提供精确的座位选择和指引。同时，大型体育赛事的组织者可以通过分析人流数据，制定有效的管理策略，以降低安全风险，预防意外事故的发生。总之，借助大数据技术，体育产业可以在多方面提升服务质量，实现综合发展和长远稳定。

3. 健全信息管理机制

在体育产业中，为了推动创新和个性化的发展，建立和完善有效的信息管理机制是极其重要的。体育行业的从业人员每天都需要处理大量的数据和信息，从中提取有价值的内容，以便准确地确定发展方向和设定合理的目标。因此，提升工作人员对信息的敏感度和处理能力，对于指导体育产品的设计和确保产品符合市场趋势、对消费者具有吸引力非常重要。为了保障消费者信息的安全，体育产业需要建立健全信息管理系统，并在处理信息的每一个环节都贯彻这一机制。首先，政府部门应针对信息泄露问题，完善信息安全的相关法律法规，通过法律手段制止非法获取信息的行为，从而为体育产业创造一个安全的发展环境。其次，体育企业应严格遵循行业标准和规范，全面实施信息管理规定，提升信息管理的整体水平。再次，体育企业应实行严格的管理制度，将信息管理的流程和操作方法统一纳入信息管理体系中。管理人员的职责应明确分配，以确保在发生信息泄露事故时能迅速确定问题源并采取有效措施，减少经济损失，保护企业声誉。最后，体育企业还应加强对员工的监管和培训，增强他们的信息安全意识，确保消费者的个人信息和财产安全。

第三节 体育产业的属性与特征

一、体育产业的属性

许多研究者指出，体育运动设施在社区和学校中的普及展现了体育作为社会公益事业的重要性。作为体育产业的基础，它们不仅是市场发展的产物，还属于社会经济生活的第三行业。体育的本质是一种与社会

第一章 体育产业概述

生活紧密相连的活动,它反映了以人为本的原则以及人的全面和协调发展的目标。因此,体育和体育产业的发展必须坚持以人为本原则,致力于满足人们对高质量生活的追求。这包括实现身体健康、享受生活和提升生活品质,是推动形成现代生活方式的共同任务,也是发展体育产业的核心目标。

人们对于体育产业的认知和体育产业的社会属性是不同的,出现这种分歧是一种正常现象,因为对主体认识的差异性,体现在理解上会有所不同。在社会理论领域,特别是在经济学领域,体育产业一般被归结为具有服务属性的第三产业。这种现象是正常的,但也是一种传统观点。从历史发展和认识过程看,这是不可避免的,有其特定的原因。

体育产业由于其独特性,不完全属于传统的第一、第二或第三产业,而应是"第四产业"。这个概念涵盖了体育产业的多元化特征,并且与其他三个产业有着实质性的联系,但又有着明显的区别。将体育产业定位为第四产业,能够更加科学地反映它在市场经济中的独特地位。这不仅契合科学发展的基本要求,也符合全面而协调发展的原则,展现了体育产业可持续发展的潜力。体育产业的发展还体现了市场经济中主体与客体的统一、相互依存和相互转化的动态关系。

二、体育产业的特征

体育产业有着较为显著的特征,而对于世界体育产业和我国体育产业来说,两者的特征是有差别的。下面就分别对世界体育产业和我国体育产业的特征进行分析和阐述。

(一)世界体育产业的特征

世界体育产业的显著特征主要表现在以下几个方面。

1. 商业化程度较高

目前,世界体育产业进入了一个快速发展的阶段,渗透进了社会生活的各个方面、各个行业之中。而高度商业化是世界体育产业发展的主要特征之一。以美国 NBA 职业篮球联赛为例。NBA 是迄今为止最成功的体育经济产品之一，它利用多年积累下来的完善的市场运作方式、成熟的商业理念、全方位的产品包装等将其商业成功地推向全世界。

2. 有着广泛的影响力

当前，人们对体质健康提出了高要求，在业余时间，大多数人倾向于参加各种各样的健身运动。由于人们可以在体育运动中体验到健康和乐趣，因此世界体育人口的数量呈现出不断增长的趋势。现代体育产业的魅力巨大，尤其体现在商业价值上，它吸引着众多的公司以体育赞助和广告的形式参与到体育产业中来，影响力非常广泛。

3. 有着较高的产业产值

随着现代社会的不断发展，各国经济水平也上升到了一个新的高度，人们对体育活动的需求不断增长，体育产业的产值也在不断提高。体育产业消耗能源少，环境污染少，符合转变经济增长方式的要求，是一个可以长期存在和可持续发展的产业。

4. 从业人数较多

由于体育产业有着较为广泛的影响力，因此，体育产业成为就业的重要途径，也在一定程度上解决了就业难的问题，具有促进就业的作用。伴随着体育运动的社会化、职业化、商业化，体育产业的国际化程度正在不断加强，体育产业必将在扩大内需、吸纳就业等方面助推国民经济发展。

（二）我国体育产业的特征

1. 体育产业是关联面极广的上游产业

体育产业在我国经济中占据着不可或缺的地位，是关联面极广的上游产业。由于人们对体育的需求极为多样化，单一的体育产业无法全面满足这些需求，而是必须依赖与之紧密联系的其他产业链，既包括直接生产和提供体育用品及服务的行业，也包括纺织、机械、建筑、电子以及营养品和食品等制造业，以及旅游、保险等服务性行业。因此，体育产业的成长与发展实际上是一个涉及广泛行业协同作用的过程,这种特性使体育产业在推动我国经济多元化和提升社会整体生活质量方面发挥着至关重要的作用。

2. 体育产业是产值高、影响大的朝阳产业

我国体育产业随着现代经济的发展而壮大,并逐步从社会的各个领域中独立出来,成为具有高产值和广泛影响的朝阳产业。也就是说,体育产业的快速发展得益于社会分工的细化和经济的进步,它在国民经济中扮演着越来越重要的角色。随着人们生活水平的提高以及对各类体育活动的需求日益增长,体育产业的经济贡献也随之增加。作为一种"无烟工业",体育产业的发展既能节约能源又能减少环境污染,符合我国当前经济转型的需求。

3. 体育产业是劳动密集型产业

体育产业是一种劳动密集型产业,可以提供较多的就业机会。体育产业覆盖体育教学和训练、赛事组织、体育用品设计与制造、健身服务、体育营销和媒体传播等领域,这些领域都需要大量的劳动力投入。随着体育赛事和活动的增多,体育教练、运动员、赛事策划和管理人员、体育营销专家、体育新闻记者和评论员等职业岗位的需求量不断增加。另外,体育用品和设施的设计、生产、销售也能为工程师、设计师、销售人员等专业人士提供广泛的就业空间。因此,我国的体育产业在提供就业、推动经济增长方面发挥着重要作用。

第二章 体育产业基本理论

第一节 体育产业结构基本理论

体育产业是一个多元化、多形式、多种类的产业链,这种产业链可由产业结构和产业组织构成,体育产业的发展必须遵循制定的策略和方针路线。

一、体育产业结构基本概念

"产业结构"这个概念最早出现在美国。20 世纪 40 年代,人们对产业经济的认识已经到了一个相对深入的层次,产业结构的概念也逐渐在人们的研究过程中形成。产业结构是工业经济的重要研究领域之一,体育产业结构是这个领域的一部分。具体来说,体育产业部门之间的生产技术经济联系与数量比例关系就是所谓的体育产业结构。从这个概念可以看出,从生产技术角度来看,运动和服务产品的实物生产部门的所有产品之间存在相互依赖性和局限性。

一般来讲,体育产业结构具体由行业结构、产品结构、就业结构以及消费结构构成的,下面就具体对体育产业结构的构成进行分析。

（一）行业结构

体育产业的行业结构是指在国民经济中，体育行业内部各生产领域之间的相互关系和相互影响，以及它们在社会再生产过程中所形成的比例关系和有机联系。这种结构是根据体育产品在其生产、流通、交换和分配过程中的不同劳动形式和价值实现方式来确定的。作为体育产业结构的重要组成部分，行业结构反映了不同体育产品和服务在各个体育行业中的流通和比例关系。它的形成基于社会分工和协作，体现了体育生产和服务在社会化、专业化和协作化方面的相互作用和发展。具体来讲，根据不同的划分依据可以将行业结构的构成进行不同的划分。

1. 按体育产品形成过程中的不同劳动形式与价值实现方式划分

根据体育产品在其形成过程中的劳动形式和价值实现方式的不同，体育产业的内部结构可以分为两个主要类别。一是体育服务业，包括非实物产品，如健身娱乐业、体育场地服务业、竞赛表演业等。二是体育用品业主要涉及实物产品，包括体育用品的制造和销售等。

尽管我国体育产业已经取得了显著发展，但由于起步较晚，其整体发展水平与西方发达国家相比仍存在差距。然而，在我国的经济发达地区，这种差距正在逐步缩小。此外，我国体育产业的发展水平在不同地区也存在显著差异。例如，在具体的地区分布上，浙江、辽宁等地的体育产业以体育用品业为主，而四川、安徽等地则以体育服务业为主，特别是体育健身娱乐业占据主导地位。

2. 从体育本质的角度划分

从体育的本质出发，体育产业的行业结构可以划分为职业体育产业和健康体育产业两大类。这两类产业涵盖了体育产业发展中的各个领域，构成了体育产业发展的核心支柱。

职业体育产业主要以职业俱乐部为经营主体，通过给观众或听众提供以娱乐为主的体育活动来获取收益。在这个领域中，运动员本身已转化为商品化的体育产品，其价值通常体现在经济层面上，由其竞技水平决定。职业俱乐部的收益主要来源于门票、转播权和体育广告等方面。欧洲职业足球联赛便是其中的佼佼者。

健康体育产业是在社会经济快速发展的大背景下将健康和体育结合而形成的产业。健康体育已成为人们日常生活中不可或缺的一部分，其活动范围广泛，其目的不仅包括锻炼身体、增强体质，还包含休闲娱乐和陶冶情操。中国的健康体育经历了从国家主导的健康体育事业向社会健康体育福利的过渡，通过事业和福利的并行发展，最终实现了产业化。如今，健康体育已成为中国体育产业的一个重要支柱。随着科技的发展和社会经济基础的提升，健康体育产业的发展更加多元化。政府在健康体育发展中的作用将逐渐减弱，社会健康体育福利事业将取而代之，推动健康体育产业进入一个新的发展阶段。目前，中国的健康体育产业已确立了其产业地位，并拥有了自己的消费群体。

（二）产品结构

在体育产业中，产品结构是其内部结构中最基本和最广泛的方面。体育产品，作为经济资源的具体体现，其结构变化直接反映了体育产业当前的状况。实际上，体育产业结构调整和转型很大程度上取决于体育产品结构的变化，包括产品的种类、规模和质量等。因此，合理化的体育产品结构是体育产业结构变革和发展的核心。

体育产品结构可以根据产品的物质形态分为有形和无形两大类别。有形产品主要包括体育用品制造、体育建筑等行业，提供的是实体存在的体育产品。相比之下，无形产品涉及体育竞赛表演、体育培训等领域，主要提供基于服务或劳务的体育产品。这两类产品在体育产业中占据不同的地位，共同构成了体育产业产品结构的全貌，对产业的整体发展和转型起着关键的推动作用。

当前，我国有形的体育产品基本上可以满足市场的需求，其中一些产品还出现了供大于求的情况。例如，我国的体育服装产品在近些年实现了很大的发展，同时还打造出了多个名牌产品。无形体育产品，即体育劳务,具体也可以划分为两类:一类是参与性的体育劳务产品,另一类是观赏性的体育劳务产品。无形体育产品中的参与性体育劳务产品的生产者是体育场地服务业、体育健身娱乐业、体育康复保健业等。观赏性体育劳务产品,其最大的生产者是体育竞赛表演业,具体包括国际比赛表演业与国内比赛表演业两类。

(三)就业结构

体育产业的就业结构分为外部和内部两个层面。外部就业结构关注的是体育产业在总就业量中所占的比例,而内部就业结构则涉及体育产业内不同行业的就业比例。历史数据显示,在经济发展中,劳动力作为关键的经济资源,其流动和分布对产业的强化和发展至关重要。没有充足的劳动力支持的产业,其发展受限。劳动力的分布和流动对体育产业的发展趋势和内部调整有着显著影响。体育产业就业结构的变化不仅受到产业本身需求增长的推动,也受技术进步的影响。社会对体育产业需求的增长会带来更多的就业机会,而技术的进步可能导致对劳动力需求的减少。体育产业虽然覆盖第二产业和第三产业,但以服务业为主导,在产业增长中能提供较多的就业机会。

(四)消费结构

在商品经济环境中,体育产业的消费结构是市场供需关系和价格机制相互作用的结果。这种消费结构融合了需求结构、供给结构、收入结构和价格结构等要素,它们相互制约、相互影响。要想促进体育产业的持续增长,最关键的是实现体育资源的合理分配,从而推动体育产业结构的合理化。体育产业的消费结构不仅体现了市场的供求状态和价格构成,还反映了社会对体育产品的需求程度和消费能力。为了满足这一结构的要求,体育产品的生产,无论是有形产品还是无形产品,必须紧密贴合社会对体育产品的客观需求。这意味着,体育产品的生产应当与大众消费需求相结合,否则,其生产便失去了意义。体育消费结构的优化对体育经济的增长和整个产业结构的发展具有重要影响。它反映了社会生产的最终结果（通常以国民收入为标准）的使用状况，是衡量社会经济活动的关键指标。

体育消费可分为物质性消费和劳务消费两大类。物质性消费，亦即实物消费，涉及体育活动中对运动器材、服装等实体产品的支出。相对地，劳务消费则包含体育观赏、健身娱乐等服务性开支。回顾20世纪90年代的中国，体育消费结构显示出一定的不均衡，其中实物消费的比重明显高于劳务消费。进一步分析体育劳务消费，可以从满足人们各种体育需求的角度进行考量。消费者的购买行为本质上是由他们的消费需求和动机所驱动，这些需求通常来源于对某种体育服务的特定需求。当个人需求得不到充分满足时，便会激发相应的消费行为和动机。因此，理解和适应这些需求对于优化体育产业的消费结构至关重要。

体育消费需求可以分为三个层次：生存需求、社会性需求以及成长需求。这种分类同样适用于体育劳务消费。人们参与体育活动的动机各异，这反映了他们在体育消费上的不同需求。例如，有些人参与体育活动是为了社交，有些人则是为了亲子互动或与家人共度时光。

对体育劳务消费的这种细分有助于更准确地反映和比较不同层次的消费水平。然而，这种分类方法并不涵盖体育实物消费，即体育用品的消费。这是因为体育用品消费很难明确归属于特定的需求层次。例如，消费者最初购买体育器材可能是出于社会性需求，但随着时间的推移，这种消费可能转变为满足个人的生理锻炼需求。而与此相比，根据人们在消费时的具体动机，可以对体育劳务消费进行更明确的分类。因此，体育实物消费应被视为一个独立的类别，与体育劳务消费分开考虑。

二、体育产业内部结构和外部结构变动规律

（一）体育产业内部结构变动规律

在体育产业发展历程中，其内部结构的演变遵循了一定的规律，体现在不同行业间的相对地位和重要性的变化上。最初，体育活动根植于

日常生活，主要是作为闲暇时的游戏和娱乐以及宗教和节日活动中的表演形式。随着社会的发展尤其是工业化时代的到来，体育开始转型为以竞争和规则为主导的现代竞技体育，这反映了自由竞争和法治的时代精神。这一时期，体育逐渐商业化，现代体育产业应运而生。

早期的体育产业以提供体育器材和装备为主，主要满足大众体育和竞技体育的需求，以实物产品为核心。随着人们生活水平的提高和越来越追求生活质量，体育产业获得了显著的发展，特别是从20世纪60～70年代开始，体育产业的范围和领域显著扩大，产品种类日益丰富，产业间的联系也更加紧密。

综上所述，在体育产业的发展过程中，其内部结构不断进行调整，表现为体育服务业在整个体育产业中的地位逐步提高，而体育用品业的比重相对减小。这一变化规律反映了体育产业随着社会发展而不断适应和演进。

（二）体育产业外部结构变动规律

体育产业外部结构变动规律是指体育产业在国民经济中的地位和作用随经济发展过程中的变化而变化的趋势。随着经济资源在不同产业间的流动和国民生产总值在各产业间的分布变化，资源配置和产出结构逐渐从第一产业（农业）转向第二产业（工业），再到第三产业（服务业）。体育产业，作为第三产业中的一部分，主要是为了满足人民日益增长的体育消费需求，提供各类体育服务产品。它属于服务业中"提高科学文化水平和居民素质服务"的部门。因此，随着经济的发展和人民收入水平的提升，体育产业在国民经济和第三产业中的地位和作用逐渐增强。

三、体育产业结构的特征

（一）整体性

从系统角度而言，系统结构指的是系统的不同元素之间的联系，如果这些元素分离，那么这种联系就不可能存在。实际上，系统结构和系统元素是不可分割的，不能简单地将系统结构视为一组简单的元素或元素的融合品。系统结构基本上是不同元素之间关系的总和（如互惠关系、交互等）。系统结构及其运动的本质也是在不同元素的互相影响中形成的。在系统结构的诸多要素中，无法探寻此种系统结构的属性以及运动规律。相对来讲，每个因素的性质和运动取决于系统总体结构的属性和运动规律，其会发挥出限制性的和主导性的功用。

体育产业是一个集群，组成这个集群的因素有两个部分：公众体育活动和体育服务。不同活动之间的相关性非常强，关系复杂。体育产业还是简单元素的集合，其集聚效果非常强，其巨大的集聚效应是其结构的内在属性。

只有充分整合体育产业结构的要素和环节，全面分析，才能对体育产业结构有一个全面的把握。在整个体育产业结构中，每个要素的生存和发展都依赖其他因素。生成一个元素可能需要另一个元素的投入，一个元素的引入也可能是另一个元素的行业目标。从总的角度来看，任何单独的因素都不能形成体育经济发展的总体效果。体育产业的整体效应不只是各要素功能的总和，它比每个部分的功能总和要大得多。

（二）自发性

发展和优化产业结构需要保持系统结构的完整性，同时进行有效的转换生成，这就要求产业结构实现自律，这也是体育产业结构的自发性特征。

体育产业结构的自我调控指的是通过体育产业经济体制的内在机制，对体育产业结构进行自发的建设，并促进体育产业结构的完善。体育产业处于不断变化的状态中，这主要体现在其结构、内部要素和外部环境等方面。体育产业经济体系中的每个子系统都在不断自我组织和适应，似乎有操纵这些子系统的"看不见的手"。这"看不见的手"主要是由各子系统之间的协同作用和竞争而产生的。

(三) 转换性

事实上，系统结构的"转换"正是生成系统结构的过程。系统结构的构成或加工功能是系统在其规律的控制下，不断对新材料的加工和管理，以反映出自身新结构的能力。体育产业结构问题基本上是资源配置问题，可以从资源转换的角度来分析体育产业结构。换句话说，体育产业通过产业结构的有效运作，不断从外界引进材料、能源和信息，在不断地生产和创造各种体育产品方面，处于一定资源之下以取得成效，满足社会群体的不同社会需求。体育产业结构转换是重新调整体育产业内的资源，调整不同部门之间的资源比例，尤其是调整劳动力、资金等行业内不理想的其他子行业运动。相关产业结构变量促进了产业发展，促进了体育产业结构的整体优化。

(四) 层次性

一般来说，不管是哪一种系统，都可以分解成多个子系统。而且，任何系统都可以与其他系统组合成为一个更大的系统。体育产业体系也是如此，大型系统包括小型系统，小型系统可以细分为更小的系统。

体育产业结构是在各种因素综合作用下形成的，许多因素都会限制体育产业结构的形成。因此，体育产业发展的各个阶段会出现不同的产业结构。从体育产业结构层面分析，体育产业结构体系的特征体现在不同的方面，这对深入研究和认识体育产业的发展现状和结构方向具有重要意义。体育产业的水平反映了体育产业结构的优化，这主要是通过分析体育产业结构的属性和质量来实现的。

第二节 体育产业组织基本理论

体育产业组织涉及市场经济背景下体育产业内各公司间的复杂利益关系，包括交换、竞争、垄断、市场占有和资源占用等方面。体育产业组织理论旨在分析和理解这些关系，探究它们在体育产业运行中的规律及对企业经营成效的影响。产业组织理论构成一个包含市场结构、市场行为和市场绩效的理论体系。在体育产业组织理论研究中，还需要研究内部市场结构、市场行为与体育产业市场表现之间的逻辑联系。

一、体育市场结构

所谓结构是指构成系统的要素与其特征之间的内在联系。体育市场结构是指体育产业内部市场关系的特征和形式。通常在体育行业内，存在着卖方（企业）之间、买方（企业或消费者）之间、买卖双方之间以及市场已有的买卖方与正在进入或可能进入该市场的买卖方之间在数量、规模、市场份额、利益分配等方面的关系。体育市场中不同市场参与者的地位、作用和比例以及市场上商品交易的特征构成了体育产业市场的结构。上述体育市场中各种市场参与者之间的关系主要集中在竞争和垄断关系上。

（一）体育市场结构类型

西方经济学通常将市场结构分为四种基本类型：完全竞争、完全垄断、寡头垄断、垄断竞争。其中，完全竞争又称为纯粹竞争。产业集中度在完全竞争的市场结构中极低，大量的买家和卖家集聚于市场上，每个买家和卖家参与交易的商品数量是市场商品交易总量中的一个极小部分，每个买家和卖家的市场交易行为都不足以影响市场价格，他们都是既定价格的接受者，而非决定者或影响者。

完全竞争市场上产品的同一性很高，产品具有完全的可替代性，所以任何卖家都不会主动降低价格以增加销售量。在完全竞争市场上不存在任何进入壁垒和退出壁垒的问题，资源流动程度很高。完全竞争的市场信息非常完整。经济学家普遍认为，完全竞争市场只是一种理想的市场。在现实社会中，只有一些农产品接近这种类型的市场。

完全垄断的市场结构是与完全竞争相对的另一种极端的市场结构类型。在完全垄断的市场上存在百分百的产业绝对集中度，也就是说，所有产品都是由一家企业提供的。完全垄断厂商所提供的产品没有直接的替代品。由于存在最低资本规模、技术独占、专利和版权等法律上的特许经营权以及完全垄断企业所采取的防守性策略等方面的壁垒，因此任何一家别的厂商都无法进入这类产品的生产和销售中来。完全垄断市场同样是一种少见的市场类型。

寡头垄断市场是由少数大企业共同控制着某种产品的大部分生产和销售的市场结构。在寡头垄断市场上，由于大部分产品的生产和销售是由少数几家大企业控制的，每一家企业的产品都有很高的市场份额，所以产业集中度很高。寡头垄断企业所生产的产品有两种情况：产品具有较高的同质性，寡头企业之间存在战略依存关系；产品有较大的差异，彼此相关程度较低。由于产业内的少数大厂商在资金、技术、生产和销售规模、产品知名度和社会影响力、销售渠道等方面占有绝对优势，所以新厂商很难进入这个行业的生产和销售中来。当然，由于投资规模和生产规模巨大，要从这个市场中退出也很困难。寡头垄断是一种现代市场经济中比较普遍的市场结构类型。

垄断竞争的市场结构是另一种在现代市场经济中普遍存在的市场结构类型，也是一种比较接近现实的市场结构。垄断竞争的市场结构中企业数量比较多，每一家企业的市场份额比寡头垄断的企业要小得多，因而单独一家企业很难对整个市场产生实质性影响。与完全竞争的企业不同，垄断竞争市场的企业生产的是差别产品。由于垄断竞争市场中企业的规模都比较小，所需的投资规模自然也比较小，而且技术门槛比较低，所以企业进入和退出都比较容易。

当体育逐步市场化以后，体育作为一种产业必将与其他产业一样，按照产业发展的内在规律运行。首先，体育企业要以利润最大化作为企业经营的基本目标。除了各级政府提供的公共体育产品外，所有由企业提供的体育产品都属于商业体育产品。生产商业体育产品的企业，追求利润最大化是其根本性的利益动力机制。如果一家体育企业不能通过经营体育产品而获得最大化的利润，该企业理性的选择将是退出体育产业，把所拥有的资本和劳动转移到有利可图的产业中去。

首先，既然体育企业以利润最大化作为企业经营的基本目标，那自然会根据市场供给和需求的关系确定产量和价格，不断进行技术创新和成本优化，以保证在激烈的市场竞争中处于有利地位。其次，体育产业内部的企业基于企业内外部条件总是处于不同的市场结构之中。由于体育器材、设施、服装制造业同时属于其他不同的产业门类，这里暂时不做讨论。那么，体育企业的典型形态主要就是各种职业俱乐部、商业俱乐部及休闲健身中心、不同层次赛事组织者等。这些企业分别属于不同的市场结构，所提供的体育产品的应用程度也各不相同，进入不同市场结构的困难程度也不一样。而且，所有体育企业都试图通过提高投资率、拥有先进的设备和技术、实施一些战略等来阻碍其他竞争者进入。从国内外体育产业发展来看，体育产业市场结构分为垄断竞争型市场结构、完全垄断型市场结构和寡头垄断型市场结构。

1. 垄断竞争型市场结构

垄断竞争型市场结构是一种低度垄断的、相对竞争的市场结构，这种类型的市场结构在体育产业中比较常见。在垄断竞争型市场结构中，企业的主体大多是小企业，包括各类商务会所和社区体育组织。商业俱乐部是私人投资公司，它们的目标是将大多数体育消费者参与的体育活动的利润最大化。各类型的商业俱乐部在每一个城市都有比较广泛的分布，它们所提供的体育消费项目既有差别产品，也有无差别产品，它们为拥有更多的体育消费者而展开激烈的市场竞争。例如，它们可能运用各种标准化、优质化的服务以及专家讲座、会员联谊、业余比赛、附加消费等方式不断培养出忠实的体育消费者，扩大市场范围，提高企业盈利能力。它们也通过政府部门的行政权力获得一些特许权，运用广告投入等方式构筑策略性壁垒，不断提高产品的差异化水平，从而形成市场进入壁垒。但由于这些企业规模小、产品技术含量低、企业能力有限，因此进入和退出这些市场的障碍不仅低，而且维护时间也短。所以，在一般条件下，新体育公司可以轻松进入这些市场，并与现有竞争者有效竞争。

对任何一个国家来说，体育产业发展的目的是多样化，最根本的目的是提高人民的身体素质和幸福感。在现代社会中，政府的职能是有限的。政府可以依靠资金，以确保所有的公民享有一定量的体育产品和服务，但不能满足体育人的不同需求。垄断竞争型市场结构中的体育企业尽管主观愿望和经营目的是追求利润最大化，但它们必须通过为人们提供高质量的、多样化的体育产品和服务来实现其经营目的，客观上为提高国民素质和增进国民福利作出了贡献。由于商业俱乐部的性质是私人的或混合的，其业务受到严格的市场限制，提供的体育产品应根据市场需求组织，因此比政府机构更有效率。从国内外情况来看，在具有较高的国家健康指数和高国民福利国家，不同类型的商务会所很发达，人民的参与程度也会很高。商业俱乐部实际上承担了政府应该承担但又无力承担的职能。商业俱乐部的广泛发展在发达国家真正实现了政府、商业俱乐部、居民个人之间的三赢：在政府方面，国民的身体素质得到提高，国民福利水平有所增加，同时，体育产业成为国家经济发展的新增长点和发动机；在企业方面，进入了一个有远大发展前途的朝阳产业，实现了其利润最大化的经营目的；在居民个人方面，满足了其多样化的体育需求，身体更加健康，精力更加充沛，精神更加愉悦，福利水平得到显著提高。

由具有共同爱好、兴趣的人们以缴纳会费和接受赞助的方式组建起来的一种非营利组织就是所谓的会员制的社区体育组织。社区体育组织的管理者通常是专业人士或志愿者，组织成员的数量具有相对严格的限制。社区体育组织也有一定程度的垄断和竞争的特点，能否筹办高质量的体育活动并形成品牌，决定着其能否拥有高水平的会员和能否得到更多的资金支持，当然也决定着其发展前景。不同社区体育组织之间会因吸引高水平会员的加入和筹措足够的活动资金而展开竞争。但是，社区体育组织在市场经济方面不是体育产业组织的主要形式，而是一种对商业型体育俱乐部等主导形态的有利补充。

2. 完全垄断型市场结构

在体育市场中，完全垄断型市场结构是由单一组织对特定体育活动或赛事拥有全面控制权的一种形态。这种控制涵盖了从赞助权、媒体转播权到商品销售等所有相关的商业机会。由于这种结构形成了坚固的市场进入和退出壁垒，它有效地排除了所有潜在的竞争者，确保了该组织在市场上的独家地位。这种垄断权力通常基于特定的法律授权、专利保护，或者是特许经营权，使得控制组织能够独自从重大体育赛事中获益。由于无须面对竞争，该组织可以自主决定价格和市场策略，从而在没有价格战的情况下最大化收入。

此外，通过对大型体育赛事的独家控制，该组织能够吸引广泛的关注和投资，这不仅提高了赛事的商业价值，还增强了体育活动的国际声誉。这种市场结构使得控制组织可以稳定地获得经济收益，同时通过独家控制权，组织能够保证赛事的专业管理和高标准的执行。这种专有的市场控制还带来了全球品牌的曝光和影响力，从而进一步增强了体育组织的市场地位，使其能够在全球范围内持续吸引合作伙伴和观众。

3. 寡头垄断型市场结构

寡头垄断型市场结构同样是一种广泛存在的体育市场结构类型。从主要业务主体的角度来看，体育产业可分为竞技体育、体育广告、体育彩票、体育娱乐、体育建筑、体育旅游和体育用品。其中，体育用品业、体育广告业、竞技体育经营业具有寡头垄断特征。在竞技体育经营业中，在美国收入最高的是拳击、橄榄球、棒球、篮球等，其赛事基本上由为数不多的几家公司垄断经营。在体育广告业中，大型赛事的广告经营主要由四五家大型广告公司控制。

提供体育服务产品的竞争性行业，其寡头垄断的特征是非常明显的。首先，虽然个别体育竞赛市场是由一个完全垄断的体育组织控制的，但也有不同的垄断组织，并保持在同一地区之间的市场竞争。在同一个地区，属于不一样的垄断组织控制的体育赛事可能在大致相同的时间举办，现场观众、电视观众、电视转播组织、赞助商、赛场广告发布申请人都有着充分的选择权。为了就相关问题形成协议，垄断组织之间就竞争时间、电视广播时间和频率以及场地广告等问题进行谈判。由于寡头们的竞争在许多时候是恶性的、有巨大破坏力的，因此为了避免双方的损失，寡头们经常坐下来讨论与比赛时间、电视广播时间和频率以及体育场的广告有关的问题，从而形成关于此事的沉默协议或协议。其次，每个体育垄断组织都对其控制的体育赛事拥有高度的垄断权。比如，他们必须制定竞争规则，确定赞助条款和赞助的费用，以确定电视转播权价格和发行权竞争收入以及标志产品和特殊产品等特定项目的实施。他们还专门设立比赛纪律处分机构，对违反规定的参赛者按一定程序采取取消资格、禁赛、罚款等各种不同程度的措施进行处罚和制裁。他们也建立专门的仲裁机构对比赛过程中发生的争议或争端进行仲裁。经过不断的探索和调整，每个体育专卖组织都创造了一个非常完善的运作机制，形成了一个非常独立的体育王国。寡头垄断市场有一定的进入和退出壁垒，基本的寡头垄断市场形成后，任何组织或个人都很难进入或着手现有的体育组织。一旦创建了一个寡头垄断型市场，几乎不可能再允许其他组织和个人进入。当然，新的体育公司要进入该市场，主要取决于已有寡头垄断组织力量是否强大和试图进入的新的体育公司是否有足够的组织实力。

（二）决定体育市场结构的因素

市场集中度、产品差异化、市场进入和退出壁垒、市场价格的需求弹性、市场需求的增长速度和短期的成本结构共同决定了市场结构。市场集中度、产品差异化和市场进出壁垒是影响市场结构最重要的因素。在讨论决定体育市场结构的因素时，我们也要关注这三个方面。

1. 市场集中度

市场集中度是一个用来表示某个特定的行业或市场结构和相对比例卖方或买方的数量指标。由于市场集中度可以反映垄断和集中在特定的行业或市场的程度，产业组织理论认为，市场集中度是影响市场结构的主要因素。买方集中现象通常只发生在某些特定行业。因此，当人们研究市场结构时，主要研究零售商的集中度。

市场集中度取决于许多复杂因素，如公司规模、市场容量、行业壁垒高度以及横向并购的自由度。一般认为，公司的规模和市场容量是决定市场集中度的主要因素。首先，如果一个行业的市场容量保持不变，一些公司的比例越高，市场集中度就越高。总的来说，扩张公司有内在的冲动。为了实现规模经济，公司尝试降低单位产品的销售成本，扩大生产规模，增加市场份额，在行业中形成一定的垄断力量，从而为获取垄断利润创造条件。公司规模的扩大经常被公众看作企业家能力的标志，扩大公司规模成为企业家的积极追求。技术进步是企业规模扩大的重要推动力。技术进步的突出表现是新的机器设备、新的生产工艺的使用，这使得生产效率大大提高，企业规模也因此迅速扩大。特别是在一定的时间内独家技术进步很可能使公司的规模扩大，加快公司的成长。其次，市场容量的变化会影响相反方向的市场集中度。通常情况下，当市场容量减少或没有改变时，大公司会试图加强并购以获得更大的市场垄断力量来取得更多的收益。相反，市场容量增长将有助于降低市场集中度。当然，当市场容量扩大，大企业都处于竞争的优势地位时，往往会获得扩张的最有利时机。如果市场容量的增长速度比大企业高，那么市场集中度可能会减少。市场容量的变化在很大程度上取决于经济发展的步伐、居民收入水平和消费结构的变化以及国家的宏观经济政策。

运用市场集中度原则对体育市场结构进行分析，会发现体育市场集中度呈现两个特征。一是竞技体育经营业、体育用品业、体育广告业市场集中度高于大多数产业部门的市场集中度。竞技体育经营业基本形成了完全垄断型市场结构和寡头垄断型市场结构，在大部分赛事组织上是由一家赛事组织机构完全控制或在区域范围内由几家赛事组织机构分别控制，因而市场集中度可以达到100%。体育用品业市场集中度也非常高。从美国商务部的有关资料来看，美国体育用品市场70%以上的份额是由四家最大的体育用品企业所控制。而在其他产业部门，除了极个别部门外，四家最大的企业所控制的绝大多数部门的市场份额低于70%。即使垄断程度很高的石油部门，四家最大的企业所控制的市场份额也不足40%。而在体育广告业中，大型赛事的广告经营主要由四五家公司控制。二是体育、休闲和健身市场的集中度非常低。运动休闲市场的典型特征是，客户的要求多样且复杂。少数公司很难满足具有不同需求偏好的大量体育消费者的需求。在这样的市场中，企业只能进行严肃的市场细分，结合体育人口的空间分布，选择最有利的商业方向，并确定操作和企业的位置最佳的水平，否则难以生存和发展。体育休闲健身市场的特点也决定了大资本不可能进入这一领域，其结果是，这个市场的集中度处在一个非常低的水平。

2. 产品差异化

市场集中度可能不能完全反映垄断与行业组织的竞争程度。因为产品差异化程度是非常重要的，即使市场集中度较高，也会显示激烈竞争的特征。

产品差异化意味着，当公司向消费者提供产品时，通过各种方法创造出引发消费者偏好的特异性，以便消费者能够有效地将其与其他竞争性公司提供的类似产品区分开来，从而在激烈的市场竞争中取得优势。实施产品差异化战略，不仅能够影响消费者的购买行为，还能够形成消费者偏好，使消费者忠诚于这些产品。产品差异化形成的途径特别多，主要包括加大研发力度以便及时优化产品的结构、功能和质量，设计产品的独特外观，提供更具体、更高质量的服务，探索不同的分销渠道或新的独特的广告和促销活动。产品差异化的核心就是形成可区别性和不可替代性，市场结构将逐渐向垄断竞争的市场结构发展，最终会导致寡头垄断型市场结构。产品差异化的市场结构的直接影响主要表现在两个方面：一是公司可以维持或提高公司的市场份额和市场集中度，扩大产品差异化的规模，上位企业的垄断程度得以维持或提高，即使规模较小的下位企业也会因此改变自己在整个行业中的地位；二是现有企业产品差异化战略的实施可以培养消费者的偏好和对公司产品的忠诚度。这实际上给新公司进入市场制造了一定的障碍。

体育产业作为一个重要的产业门类，同样存在着产品差异化问题，并且有着自己的特点，这就是体育产业的特殊性。从竞技体育经营业来看，不同赛事组织者提供的体育服务产品是有差别的，如足球世界杯与奥运会就在内容和形式上有着许多不同，但这类赛事有相当程度的替代关系。所以，国际奥委会与国际足联通过协商把比赛时间和比赛地点进行调整，避免双方对体育消费者的争夺。欧洲三大足球赛事之间尽管存在差别，但同样存在较高程度的替代关系。此外，处于同一联赛的俱乐部，为了争夺观众和电视转播权的销售，会采取多种多样的产品差异化策略，如引进超一流体育明星加盟、组建表演水平很高的啦啦队、赛场环境个性独特和热烈的气氛营造、为消费者提供附加消费等，以保证产品的特色性，从而使产品的差别程度和市场的集中度提高。

相对于竞技体育经营业市场来说，体育休闲健身市场的产品差异化程度要高很多。原因是体育休闲健身产业所面对的消费者特点是数量庞大，并且兴趣各不相同，居住不集中，喜欢就近消费。这就要求体育休闲健身产业为消费者提供不同的体育休闲健身产品，满足不同消费者多样化的需求。例如，我国东部发达地区的体育休闲健身企业提供的体育休闲健身项目要达到20种以上，而且每年都会有一些新的项目被开发出来，以供消费者消费。

3. 市场进入壁垒与退出壁垒

根据产业经济学的分析，市场进入壁垒和退出壁垒考察了新企业与原企业之间的竞争关系，以及新企业进入市场后市场结构的调整和变化。市场进入壁垒和退出壁垒反映了特定市场潜在的、动态的竞争和垄断程度。所谓进入壁垒，指的是在和之前的企业进行竞争的过程中，新的或潜在的企业遭遇到对其不利的因素。这些因素主要包括组织进入、政策法律制度、产品差异化、规模经济、绝对成本优势。绝对成本优势指的是基于固定产量，相较于新的或潜在的企业来讲，当前既有企业可以用较低的成本生产出相同的产品。因为原企业成本低，新企业进入市场后，与原有企业相比，处于竞争劣势。原企业的绝对成本优势主要来源于对优良生产技术的控制，优先获取先进的稀缺资源的能力，包括管理能力以及从供应商那里获得更优惠价格的原料等投入要素的能力。规模经济壁垒使新企业在竞争中处于劣势地位，比原有企业生产成本要高很多，原因是新企业进入某一产业初期时很难形成规模经济。在产品差异化程度较高的行业中，构成进入壁垒的一个重要因素就是产品差别。经过长期努力的原有企业已经形成有较高知名度和美誉度的品牌，拥有具有很高忠诚度的消费者群，新企业要突破产品差异化壁垒，从原有企业那里争取消费者，要付出很高的销售成本。政府的政策与法律同样会构筑新企业进入壁垒，如政府给予原有企业的进出口许可证，差异化的专利制度和税收壁垒以及政府制定的产业规模控制政策都会成为新企业进入的壁垒。另外，阻止新企业进入的还有在寡头垄断行业中寡头们所实施的利润率控制措施以及针对新企业制定的歧视性价格等方式和行为。

退出壁垒是指企业难以退出某一产业部门的情况，无论是主动还是被动。退出壁垒主要有资产的专用性和沉没成本、解雇费用和政府政策法规限制。一般情况下，资产的专用性越强，沉没成本就越大，而企业就越难退出；企业如果要退出某一产业部门，就必须解雇工人，所以必须支付数额很大的退职金、解雇工资，即使继续留用工人，也要支付相当数量的转岗培训费用。为了阻止其退出，针对一些公用事业部门、特许经营部门，政府会制定特殊政策法规。

体育市场的进入壁垒和退出壁垒有两种极端的情况存在。体育赛事市场是进入壁垒和退出壁垒都很高的市场，而体育休闲健身市场则是进入壁垒和退出壁垒很低的市场。体育赛事市场的寡头垄断型市场结构特征和完全垄断型市场结构特征主要是通过很高的市场进入壁垒和退出壁垒体现出来的。详细的章程和各种规则是所有的具有重要影响的赛事组织机构必不可少的，它们还制定了严格限制进入和退出体育赛事市场的规定。所有的成员组织和运动员必须严格遵守这些章程和规则要求，否则将会受到严厉的惩处。对成员单位而言，如果违背了有关规定，将会受到取消会员资格、停止各种活动、断绝经费支持、处以巨额罚款等多种形式的惩处。运动员如果违背了有关规定，也会受到停赛、禁赛、终身禁赛、罚款等形式的处罚。体育休闲健身市场同其他大众服务业相似，企业数量多、规模小，企业自身难以设置进入壁垒，政府的产业政策往往又是持鼓励态度。所以，这类市场的进入壁垒和退出壁垒非常低。

（三）市场结构的测量

1. 单个企业垄断势力的测量

勒纳指数和贝恩指数是测量单个企业垄断势力大小的主要指标。

勒纳指数是美国学者阿贝·勒纳提出的，他为我们提供了一种以垄断势力为基础的测量市场结构的方法，该方法避免了必须从大量销售资料中推断垄断势力的问题。其计算公式为：$L=(P-MC)/P$。其中，L——勒纳指数；P——价格；MC——边际成本。

勒纳指数通过对价格与边际成本偏离程度的测量，来反映市场中垄断力量的强弱。勒纳指数越大，从边际成本价格来说就会有更大的偏差，代表市场中的垄断力量就越强。但是，勒纳指数在实际的垄断势力测量中存在着比较严重的缺陷。首先，勒纳的垄断势力指数在实际的测量中要求人们能够测量边际成本，这是一件非常不容易的事情，同时使问题更为复杂化的是价格必须有可比性的要求。其次，它不考虑企业潜在的垄断行为，而是衡量企业的实际行为。最后，这种方法是建立在比较静态的价格理论之上的，它无法告诉我们目前的边际成本和价格之间的差额是否理所当然地由过去行为引起。事实上，造成这种差额的原因很多，而不仅仅是垄断。

贝恩指数是通过考察利润来测量市场结构的指标，是由现代产业组织理论的先驱之一贝恩提出的。他的理由是，在一个市场中若持续存在超额利润，说明就存在着垄断因素。其计算公式为：$I_B = (P - AC)/P$。

贝恩指数是用企业所获取的超额利润来测量垄断势力的大小。超额利润越大，贝恩指数越高，说明垄断势力越强。贝恩指数比勒纳指数更容易计算，因为贝恩是利用平均成本指数。但是，垄断并不是超额利润产生的唯一原因，技术进步和经营水平的提高都会产生超额利润。而且，即使没有超额利润，也并不代表没有垄断势力。所以，贝恩指数告诉我们的是可能的垄断势力，而不是对垄断势力的直接计量。此外，与勒纳指数一样，贝恩指数也是建立在比较静态的价格理论之上的。

2. 产业垄断和竞争程度的衡量

对产业垄断和竞争程度的衡量，人们通常运用产业集中度、洛伦茨曲线、基尼系数、赫芬达尔指数、交叉弹性指数等指标。

产业集中度是最常用、最简单的测量产业竞争性和垄断性的指标。产业集中度一般是指某一产业内规模最大的前几位企业的有关数值（产值、产量、销售额、职工人数、资产总额等）占整个市场或行业的份额。其计算公式为：

$$CR_n = \sum_{i=1}^{n} X_i / \sum_{i=1}^{N} X_i$$

在这个公式中，CR_n是指某一产业中最大规模的前 n 家企业的产业集中度，通常人们计算的是 4 家或 8 家企业的产业集中度。产业集中度指标测算比较容易，也能较好地反映产业内的生产集中度以及竞争和垄断的情况。但产业集中度指标也存在一些短处，如忽略了其他企业规模的分布情况，只反映了最大的几家企业的总体规模，无法反映最大几家企业之间的相对关系，至于该产业部门的产品差异情况和市场份额的变化也得不到反映。此外，在计算产业集中度指标时，要根据同一产业部门或不同产业部门不同时期的特点，选择不同的数值作为计算的基础数据。否则，会出现高估或低估产业集中度情况的问题。

为了反映整个产业的集中度，也可以用洛伦茨曲线和基尼系数弥补产业集中指数的不足。洛伦茨曲线反映了中小企业的累计数量与规模份额的累计比例之间的关系。基尼系数能把非均匀系数用定量指标反映出来。

由于上述三个指标都不同程度存在一定的缺陷，研究产业组织的学者们引进了赫芬达尔指数，它是一种测量产业集中度的综合指数。它是指一个行业中市场上所有企业的市场份额的平方和。计算公式如下：

$$I_H = \sum_{i=1}^{n} \left(X_i / X \right)^2$$

在这个公式中，X_i / X是指该产业部门中第 i 家企业的规模占整个产业规模的比重。相对于其他指标，赫芬达尔指数在产业集中度测定时兼有绝对集中度和相对集中度指标的优点，而且不受企业数量和规模分布的影响，能够较好地测定产业集中度变化。

不同产品的交叉弹性主要揭示了产业或行业间的替代和互补关系。通常情况下，产品间的交叉弹性越高，表明它们之间的可替代性越强，因而相应企业间的竞争也更为激烈。因此，测定不同产品之间的交叉弹性能够有效展现生产这些产品的企业之间的竞争与垄断程度。

熵指数借用了信息理论中熵的概念，具有平均信息量的含义。其计算公式为：

$$I_H = \sum_{i=1}^{n} S_i \cdot \log \frac{1}{S_i}$$

在这个公式中，S_i 为第 i 个企业的市场份额。熵指数与赫芬达尔指数一样，也是一个反映市场中所有企业竞争和垄断情况的综合指数，不同的是分配给各个企业市场份额的权数不同。

二、体育市场行为

体育市场行为涉及体育企业和组织为追求最大化利润或增加市场份额而采取的战略性决策和行动，目的是应对市场供需关系的变化。这些行为受到体育市场结构的现状和特征的影响，并反过来对市场结构造成影响。通常，寡头垄断市场下的竞争行为是体育市场竞争行为研究的重点。

体育市场的竞争行为主要有定价行为、广告行为、兼并行为和协调行为。

（一）定价行为

体育组织或体育企业的市场定价行为由于其目标的不同所采用的定价方式也会有较大差异。如果体育组织或体育企业的目标主要是实现利润最大化，主要采取成本加利润的定价模式、价格领先制定价模式；如果体育组织或体育企业的目标主要是追求更高的市场占有率，则主要采取降价策略为主的竞争性定价模式。

在体育市场上，如果市场竞争程度不高，许多企业都会采取最为简单的成本加利润的定价模式。成本加利润定价法就是在平均成本的基础上加上一个预期利润水平的定价方法。这种定价方法计算非常简单，如果市场竞争不够激烈，市场供求关系又比较稳定，通过实施成本加利润定价法，企业就能够获得预期的利润水平。但是，这种方法又是一种单边的主观定价行为，在激烈竞争的市场环境中，有可能完全失效。例如，体育休闲健身市场在许多地方一旦发展起来，由于企业提供的产品具有较高程度的替代性，为获取更大市场范围所进行的市场竞争就会非常激烈，其中价格竞争是最主要的竞争手段之一，成本加利润的定价方法就很难适应这种市场环境。从国内外的经验来看，在竞争比较充分的市场上，企业更多采用的是习惯定价法、按竞争性产品价格定价法、按生产能力定价法、比较定价法、区域定价法等。

价格领先制定价模式是寡头垄断市场主要的定价方式。在体育市场上，价格领先制的实施主要是由一家体育企业或组织首先调节价格，其他体育企业或组织则跟随领先企业或组织相应地采取行动。

以追求更高市场占有率为目标的竞争性定价模式，根本方法是降低价格，但因具体目的不同又有掠夺性定价、限制性定价两种方法。掠夺性定价也叫作驱逐对手定价，是指某一企业为了把对手挤出市场或逼退潜在的竞争对手所采取的降低价格的策略。在体育产业成长过程中，特别是竞技体育经营业以外的体育产业门类，一些具有较强实力的企业为了提高自己在特定区域市场中的产业集中度，逐步形成垄断地位，往往会采用这一策略性的定价行为。掠夺性定价策略有三个主要特征：一是掠夺性定价策略具有暂时性。一旦竞争对手被驱逐出市场，企业会很快恢复较高的价格。因为任何企业都不会在承担亏损的情况下向市场提供产品。只要竞争对手退出市场竞争，企业就会立即把价格提高到足以获得经济利润的水平以上。二是掠夺性定价策略的实际目的是缩减供给量而不是增加需求量。只有把竞争对手挤出市场，企业才能实现较高的产业集中度，才能确定具有垄断性的产量和价格，并保证企业获得最大化的利润。三是采取掠夺性定价策略的企业都是具有实力的大企业。在差别很大的大企业和小企业之间容易发生掠夺性定价行为，因为实行这一策略的大企业也要在短期内蒙受一定的损失，所以大企业更愿意通过兼并来消灭竞争对手。除非兼并成本过高，或者小企业愿意鱼死网破地对抗时，大企业才采取这一措施。

限制性定价也叫作组织进入价格，是指企业把价格定在获取经济利润的同时不会引起新企业进入的水平上。对潜在企业而言，当面对这一价格时会认为进入这一市场只能引起价格下降而失去利润空间，所以投资于该领域没有实际意义。企业采取限制性定价策略的直接目的是阻止新企业的进入，实质上是一种牺牲部分短期利益以追求长期利润最大化的行为。因此，限制性定价策略与掠夺性定价策略一样，都不是企业长期定价的策略行为。不同的是，采取限制性定价策略的企业在短期内仍然有一定的利润，而采取掠夺性定价策略的企业要在短期内承担一定程度的亏损。限制性定价策略所定价格的高低要受到市场进入壁垒的程度和规模经济的影响。一般来讲，市场进入壁垒的程度越高，限制性定价策略所确定的价格就会越高，因为市场进入壁垒已经在很大程度上阻止了新企业的进入，这时就没有必要用很低的价格来强化进入壁垒。反之，如果市场进入壁垒的程度很低，要阻止新企业的进入必须按平均的甚至更低的利润水平定价。当规模经济成为主要的市场进入壁垒时，企业在制定价格时要考虑让没有达到一定规模的企业无利可图，被迫退出市场，还要适当增加产出，尽可能减少新企业能够得到的市场份额，使新企业因市场份额不足而无法进行规模经营，导致成本上升，最终退出市场。

除了上述价格策略外，体育组织或企业还会实施价格歧视策略，以达到提高市场占有率、获取更高利润的目的。

价格歧视也称为差别价格，是指企业针对不同的消费者制定不同的价格。价格歧视可分为一级价格歧视、二级价格歧视、三级价格歧视三种类型。一级价格歧视也称为完全价格歧视，是指企业对其所销售的每一单位产品都向消费者索要最高的可能价格。一级价格歧视对企业来讲应该是最为理想的情况，但只有在销售者与消费者进行单独的一对一销售谈判中才能实施，对体育组织或者体育企业来讲是根本无法实现的。

二级价格歧视就是企业按照消费者购买商品的数量来确定价格。这种情况比较普遍。体育组织和企业也可能实行二级价格歧视，如健身俱乐部实行的会员价格和非会员价格的区分，一些大型联赛实行的全赛季票价和单场票价的区分，都是典型的二级价格歧视。三级价格歧视是指企业把市场分成两个或多个不同的子市场，同一种商品在不同的子市场中按不同的价格进行销售。实施三级价格歧视有两个条件：一是市场分割；二是需求弹性不同。对体育市场而言，这也是一种常用的价格策略。一些体育休闲企业在其他城市建立分支机构并进行市场推广时，也可能根据这些城市居民的收入水平采取低于原有城市价格水平的市场价格，以吸引更多的体育消费者进行消费。

（二）广告行为

广告行为是企业普遍采用的非价格竞争行为，向消费者提供产品信息，引入产品功能，引导消费者购买。广告分为信息性广告和劝说性广告。信息性广告主要是为消费者提供产品的价格信息、产品的功能和特点、销售的地点和方式、售后服务等。劝说性广告主要是为了使消费者建立起产品差别性认识并形成对产品的良好感觉，从而影响潜在消费者的消费决策。劝说性广告在一些情况下有可能掩盖信息，迷惑消费者，把无差别产品当作差别产品。

企业的广告行为能够对市场结构产生普遍的影响。首先，企业的广告行为能够促进消费者对企业所提供产品差异性的认知。广告是企业向消费者传递产品差异性信息最重要的手段和途径，企业可以通过广告中的有效诉求，让消费者切实认知其所提供产品的与众不同，以便把这些产品与其他企业提供的竞争性产品区分开来。其次，企业的广告行为可以增强进入壁垒。消费者的主观喜好和对自己所提供产品的忠诚度能够被企业大量的广告投入所影响，从而提高企业本身和其所提供产品品牌的知名度。当一家企业通过比较系统、持续的广告运作，使企业和特定产品成为一种在一定区域范围内文化、质量、消费档次的象征时，企业广告投入实际上就成为一笔巨大的无形资产,潜在的市场进入者要在这种情况下进入这个市场,从原有企业手中分得一部分市场份额,必须投入更多的广告费用以克服原有企业已经形成的商誉,这无疑使其在竞争中处于劣势地位。由此看来,企业的广告行为是产业内部不同企业之间市场份额差距扩大和市场结构发生变迁的重要原因。

在体育市场上,企业的广告行为既具有所有企业广告行为的一般特征,也具有自己的特殊性。除了竞技体育经营业外,其他体育产业部门的广告行为符合企业广告行为的一般特征,只是这些体育产业部门的广告能够更多地利用名人效应和赛事效应。例如,体育服装鞋帽制造企业或者签约一些国际级别的受到人们普遍喜爱的体育巨星作为代言人,或者作为赞助商在一些重大的国际比赛赛场、世界著名的联赛赛场进行产品推广,从而极大地提高了产品品牌的知名度,增加了产品销售量。

体育市场上比较复杂的是竞技体育经营业的广告行为。一是大型体育赛事既需要通过广告进行广泛的宣传,又是其他企业进行广告宣传的载体。这个特征是生产物质产品企业的经营活动根本无法具备的。大型体育赛事的组织者为了吸引更多的体育消费者观赏体育比赛,必须对赛事进行广泛宣传以取得最大化的利润。体育比赛一旦举行,马上会成为现场体育观众和电视观众关注的焦点,所以许多大型企业为了获得赛场广告权,愿意重金资助体育赛事。对电视观众来说,精彩、激烈的体育赛事有着巨大的吸引力,因此这又是电视台插播广告的最好机会,所以为了电视转播权,电视台会不惜重金购买赛事的转播权。由此可见,竞技体育经营业的广告行为实际上是在与广告媒体的商业合作中实现的,而不需要投入巨额的广告费用。体育赛事组织机构最重要的工作是提供最为精彩的赛事并向媒体企业进行销售推广。二是大型体育赛事往往会得到政府的高度重视和支持。大型体育赛事被许多国家或者城市当作宣传自己国家或城市的一个重要平台和名片,甚至会当作拉动相关产业发展的重要动力,所以政府也会利用自己的宣传工具和手段对这些赛事进行广泛宣传。这就节省了赛事组织机构的广告成本。三是大型赛事一旦被广大体育消费者所认可并形成在全社会有广泛影响力的品牌,每一个体育消费者事实上也就成为一个广告宣传者,这也就降低了大规模广告宣传的必要性。尽管如此,任何体育赛事也都需要体育赛事组织机构运用多种广告形式进行赛事推广,这还是要支付一定费用的。

(三) 兼并行为

企业兼并行为是指两个以上的企业在自愿基础上依据法律规定通过订立契约而结合成为一个新的企业的组织调整行为。企业兼并行为使市场集中度得到较大幅度的提高,市场进入壁垒的程度有所增加,兼并后的企业能够获得更为强大的市场支配力量并导致垄断的出现。所以,人们一般认为以企业兼并为主的企业组织调整行为是对市场关系影响最大的市场行为。

企业兼并行为有横向兼并、纵向兼并、混合兼并三种类型。

横向兼并也叫作水平兼并,实行兼并的企业属于一种产业、生产一类产品或处于一种加工工艺阶段。在体育产业内部横向兼并经常发生,如许多著名的体育用品生产企业都是在不断兼并生产同类产品的其他企业的基础上逐步成长起来的。在竞技体育经营业中横向兼并相对要少一些,但也时有发生。

纵向兼并也叫作垂直兼并,实行兼并的企业之间存在前向或后向的联系,分别处于生产和流通的不同阶段。这种兼并方式在竞技体育经营业中比较普遍,一些体育用品或体育设施制造企业对职业俱乐部的兼并、一些著名的职业俱乐部对体育用品零售企业的兼并都属于这种类型。

混合兼并也叫作复合兼并,是指属于不同产业、生产工艺上没有联系、产品完全不同的企业之间的兼并。例如,英国投资公司对苏格兰、意大利、希腊、法国等国家足球俱乐部的收购,就属于这种类型。

现实的体育市场上的企业兼并行为在许多情况下是难以区分属于哪一种类型的。20 世纪 90 年代以来体育市场上掀起的企业兼并浪潮,也说明了体育市场上的企业兼并行为具有高度的复杂化特征。例如，有一家著名的产值达 100 亿美元的巨型跨国企业叫作 A 集团。1997 年，A 集团成立了一家体育经销公司。该经销公司是一家在 15 个国家拥有分支机构的跨国公司，主要经营媒介和广告服务。公司下有三个广告公司、一个世界上规模最大的媒介经营公司、一个公共关系机构。公司的业务范围涉及体育赛事广告经营、电视转播权经营、英联邦运动会和板球世界杯赛的经营、一些著名运动员的代理、世界特技自行车系列赛的经营等领域。又如，在全世界拥有 780 家公司、200 家报纸、一家出版社的 B 公司，从 1992 年开始涉足足球市场，通过经营英超联赛的电视转播权，取得了商业上的巨大成功。再如，C 公司为了保持在美国国内市场的竞争力并进一步向国际市场进军，于 2007 年看中了意大利的一家体育用品公司，并实现合并。该家体育用品公司是欧洲领先的足球鞋和网球鞋制造商，其销售网络覆盖全球 80 个国家。合并后，该公司的产品清单可涵盖高尔夫球鞋、跑鞋、步行鞋和保龄球鞋，并有机会在美国市场销售该公司的产品。

（四）协调行为

体育市场协调行为是指体育市场上的体育企业或组织为了某些共同的目的而采用互相调节的市场行为。在体育市场上，有两种最基本的市场关系：竞争和合作。在很多情况下，体育组织之间、体育企业之间因各自的利益而展开激烈的竞争，但为了避免过于激烈的竞争导致的两败俱伤的局面，它又不得不相互妥协以达到对各方都有利的目标。体育市场协调行为并不是体育组织之间或企业之间通过艰苦的谈判达成协定或契约来实现的，一般采取的是共谋的形式。这主要是因为除了竞技体育经营业以外的其他产业领域在许多国家都要受到反垄断法规的约束。体育市场的协调行为主要有价格协调和非价格协调两种形式。

体育市场上的价格协调行为是指体育组织之间或体育企业之间就其所提供的产品的价格决定问题相互协商并采取共同行动。体育市场上的价格协调行为通常有卡特尔和价格领先制两种形式。在存在寡头垄断市场结构的体育市场上，任何体育组织或企业的收益不但取决于自身的决策和行动，而且要受到其他体育组织或企业决策和行动的影响。卡特尔就是以限制竞争、控制市场、谋求最大化的利益为目的的体育组织或企业通过共谋或串谋的形式进行的一种价格协调行为。例如，国际奥委会与其他国际体育组织之间就电视转播权、赛事标志使用权等无形资产的价格进行磋商并形成默契，实际上就是组成了卡特尔。区域性的体育垄断组织或企业也会以卡特尔的形式就赛事门票的价格、服务的价格、设施使用的价格、电视转播权和标志使用权的价格等进行磋商和串谋并达成一致意见。卡特尔具有不稳定特征，如果出现私自背离默契或协议的情况，将会导致卡特尔的解体。

体育市场上的非价格协调行为与卡特尔非常类似，同样是通过共谋或串谋的形式实现的，只不过共谋或串谋的内容不是产品的价格而是产品供给的时间、地点、规则等方面的问题。

三、体育市场绩效

所谓体育市场绩效，是指基于特定体育市场结构，采取特定的市场行为促使体育产业在诸多方面获得市场经济效益，如技术进步与产品质量、成本与价格、品种与产量以及利润等。从本质来讲，体育市场绩效在一定程度上体现了体育市场运作效率以及资源配置的好与坏。

产业组织理论在研究市场绩效时是基于社会的角度来考虑的，认为如果以效率为标准，从抽象的分析来判断，最有效率的经济就是完全竞争的经济。而垄断使经济偏离完全竞争的经济状态，会造成效率的损失。市场绩效本身包含着价值判断问题，因而具有高度的复杂性。经济学家通常采用的方法是在假定企业的唯一目标是追求利润最大化的情况下讨论抽象的企业经济效率，主要是判断产业的效率在多大程度上接近完全竞争状态。一是利润率的高低。通常衡量市场绩效的指标是利润率。因为在完全竞争市场上，资源配置最优，社会效率最高，企业只能获得正常利润，并且企业利润率趋于平均化。所以，企业利润率的高低和是否存在平均利润率就体现出产业组织的市场绩效。二是价格成本差。价格成本差实际上就是勒纳指数和贝恩指数。这两个指数分别从不同角度反映了市场集中的程度和垄断势力的强弱，从而能够体现这种市场结构对完全竞争的市场结构的偏离程度。三是托宾 Q 值。托宾 Q 值是指企业资产的市场价值与企业资产重置成本之比。如果 Q 值大于 1，则表明股票和债券所测得的市场价值大于目前市价重置的资产成本，表明企业可以在市场上获得垄断利润。Q 值越大，企业获得的垄断利润越大，社会福利赤字越大，市场绩效越低。

因为市场结构和市场行为综合反映了市场绩效，所以仅仅停留在上述层面的评价是远远不够的。只有充分考虑相互矛盾、相互影响的资源配置效率、技术进步、社会福利水平、社会公平等因素，密切结合市场的真实情况，综合评估资源配置效率、产业的规模结构效率、技术进步程度三个方面，才能对市场绩效进行有效评价。对体育市场绩效的评价同样必须基于这三个方面。

（一）体育市场的资源配置效率

经济学基本原理告诉我们，资源配置效率的主要体现是社会总效用或者社会总剩余的最大化，也就是社会福利最大化。在对资源配置效率进行评价时，经济学家一般用消费者剩余、生产者剩余和社会总剩余来衡量资源配置效率的状况。消费者剩余是指消费者按照一定价格从所购买的某一商品中获得的效用与为此所支付的价格之间的差额；生产者剩余是指企业的销售收入与生产费用的差额；社会总剩余是消费者剩余和生产者剩余之和。经济学家认为，如果市场机制运转良好，市场竞争充分，资源配置的效率就比较高；反之，如果市场竞争不够充分，市场垄断程度比较高，资源配置的效率就比较低。经济学分析表明，与完全竞争的市场相比较，垄断企业通常以较高的价格和较低的产量供给产品，从而攫取了相当部分的消费者剩余，导致了社会福利水平的下降。此外，垄断企业为了谋取和维持其垄断地位还会采取诸如大量的广告、提高进入壁垒的程度、特殊的产品差异化策略等措施，并为此支付巨额的费用，这种不是产品生产和销售所必需的开支，客观上会加重消费者的负担，同样是社会资源的浪费。

在体育产业发展过程中，体育组织和体育企业作为市场经济条件下的一种特殊的企业类型，与其他企业一样，是硬预算约束下的市场主体，把追求利润最大化作为企业经营的目标，所以衡量体育市场的资源配置效率，必须以社会福利的最大化作为最根本的尺度，也就是要考察体育资源的配置是否能够或者最大限度地实现有限的体育资源的最佳配置，是否能够使生产者实现利润最大化，是否能够使消费者实现剩余最大化或者最大限度的效用满足。考察体育市场的资源配置效率，要从四个方面入手。一是要考察产业的利润率。体育市场的竞争越是充分，体育资源在企业间自由流动越容易，企业平均利润率越低，平均化程度越高，体育消费者能够获得的福利也就越趋于最大化。事实上，考察体育产业的利润率，在一定水平上能够明确地推断体育市场对完全竞争市场的远离程度，进而就会知道体育消费者所获的利益与最大化利益之间的差异。二是要考察进入壁垒的程度和市场集中度，进而推断市场竞争是不是充分。三是要考察政府对市场的干预程度，进而推断市场机制是不是被扭曲，是不是存在市场失灵的状况。四是要考察消费者对体育产品的需求情况，进而推断体育产业给消费者带来的效用或利益有多大。

（二）体育产业的规模结构效率

产业的规模结构效率也叫作产业组织的技术效率。因为规模经济的存在，体育资源的利用效率被各种体育资源在体育产业内部的分配状况所影响。体育产业的规模结构效率是指体育资源的利用状况，是从体育产业内部规模经济的实现程度的角度来考虑的，主要包括三个方面。一是实现规模经济的程度。在现实经济生活中，没有一个产业的所有企业都完全符合规模经济的要求。根据贝恩对美国20个产业的调查研究，即使在美国这样经济高度发达国家的大多数产业中，仍然有10%～30%的产品产量来自非规模经济的企业。这些企业利润率比较低，有的尽管长期亏损，但仍不退出市场，继续进行生产。同时，在部分产业中存在超规模经济的过度集中，有一些大企业经营成本明显高于规模较小的企业。体育产业中的许多经营领域同样存在未达到规模经济的产品生产和供给者，特别是在体育休闲健身业中这种情况十分普遍，许多企业虽然规模很小，但是运营成本很高，严重影响了体育资源配置的效率。二是经济的合理垂直结合及实现程度。在体育产业发展过程中，各个具体产业门类之间存在一定程度的连续流程性质的先后向关联，这些产业部门之间必须有一个合适的比例，包括体育产业规模结构效率或内部结构的合理化。一般来说，用垂直产出占生产的各个阶段产出的比例来表示规模经济的垂直程度。三是企业规模经济的运用。主要有两种情况：其一，一些企业市场集中度低，缺乏规模经济，并存在各种程度的设施搁置、利润率低等问题；其二，一些企业已达到规模经济水平，但设施仍然没有得到充分利用。

（三）技术进步程度

广义上的产业技术进步是指摒除劳动投入、资本投入之外的全部有利于经济发展的因素；狭义上的产业技术进步则是指产业之中的创新、创造以及技术转移。在产业组织的生产行为和结构的诸多层面都能够体现出技术进步，产业的技术特性与产品具有紧密的联系，大容量、高效率的技术发展与必要的资本壁垒和经济规模相关，技术进步的类型、程度和条件都与企业的兼并和产业集群化发展存在密切的关系。技术进步程度主要反映经济效率的动态性，是衡量市场绩效的重要标准。

体育产业由于其所具有的高度竞争性和消费者直接感受所提供服务的特征，使其从一开始就与技术进步和创新紧密联系在一起。竞技体育的训练水平、比赛成绩、场馆设施、运动装备无不充分体现着技术进步和创新，也正是不断的技术进步和创新活动，使竞技体育的观赏性大大提高，使体育消费者获得极大的满足。体育休闲健身产业通过不断的技术进步和创新，使广大的参与性体育消费者获得了内容更为丰富、方式更为多样、效果更为明显的休闲健身消费。其他体育产业门类也与技术进步和创新活动密切相关。总的来看，体育产业的技术进步程度主要通过体育产业的增长和体育消费者所获得的福利增长体现出来。

第三节 体育产业政策基本理论

一、体育产业政策概述

（一）体育产业政策的含义

体育产业政策是国家为了指导和调控体育产业在特定历史时期内沿着既定路线发展而制定的一系列行动规范。这类政策既是国家对体育产业发展进行干预的经济政策工具，也是国家在宏观层面上对体育产业进行领导、调控、优化和监督的依据和手段。这些政策措施应涵盖计划、法规、制度、财政、税收、产权、所有制、价格、外贸、企业法及行政干预等方面。在我国由计划经济向社会主义市场经济转型的历史阶段中，体育产业的发展宗旨是深化体育制度改革、加快体育运行机制转换，通过调整体育产业结构、理顺产业内部组织关系、培育和拓展体育市场等手段来促进体育产业的大力发展，从而增强体育活力并加速体育事业的整体发展。因此，我国现阶段的体育产业政策也应当围绕这一核心宗旨来制定和实施。

（二）体育产业政策体系

体育产业政策体系是一个包含与体育产业相关的所有政策的综合体。体育产业本身是一个包括多个门类、多层次、相互交织的系统。从横向角度看，体育产业可按其性质分为体育本体产业、体育相关产业和体育内部产业。从纵向角度看，体育产业受到国家总体产业政策的影响，尤其是第三产业和体育事业的发展规律，同时其各个部门还可进一步细分为不同层次，受到多方面条件的制约。由于体育产业的每个要素和层次都需要专门的政策指导，因此体育产业政策也构成了一个包含多因素、多层次的庞大系统。只有全面、系统地为体育产业的整体及其主要因素和层次制定相应政策，才能形成一个完整的体育产业政策体系，从而实现对体育产业的有效管理和调控。

（三）体育产业政策的特点

首先，体育产业政策是政府从供给方面着眼的中观长期调节政策。体育宏观经济政策着眼于调节体育总需求，使供需短期平衡。体育产业政策深入体育产业层面，通过对供给的调节达到长期的均衡，两者的着眼点和调节的目标不同。

其次，体育产业政策采取尊重市场机制的基础作用和体育企业经营自主权的基本立场。体育产业政策是政府对体育市场缺陷的补充，而不是取代市场机制；体育产业政策是通过市场机制对体育企业的间接指导，而不是直接干预，具体表现在两个方面：一是在体育产业政策制定过程中，政府要广泛听取经营者团体、体育企业、专家学者的意见，形成制度化的咨询程序；二是与体育产业政策有关的体育产业发展计划、措施只具有指导性，不具有强制性，体育企业享有充分的决策自主权。

最后，体育产业政策具有一定的超前性。体育产业政策是政府基于对体育产业结构演变规律的深刻认识而提出的指导体育产业结构转换的政策，它不是着眼于现实的结构平衡，而是着眼于未来的结构平衡，因此，具有一定的超前性。

二、产业政策的主要理论依据

(一) 政府失灵理论

从其他国家多年的经济发展规律中可以看出,政府调节机制自身具有不足,即政府失灵。通常来讲,导致政府失灵的主要因素包括不完善的公共决策和控制的市场反应、信息的不丰富以及官僚主义等。所以,推动市场经济的学者指出,在加强经济效率层面,政府所发挥的功用存在局限性,倘若政府可以发挥主动性,也仅是集中于再分配社会财富这一范畴。在行业发展中,政府发挥了其应有的功能,尤其是在对市场不足进行完善、推动后起国家经济增长以及扶持青年产业发展等层面具有显著成效。然而,作为政府主导的经济政策,产业政策同样不可避免地存在政府失灵的问题,我们应该清晰地意识到,基于市场经济体制,是市场,而不是政府的产业政策,在资源配置中起着基础性的作用。产业政策的滞后可能会带来一定的副作用,或者产业政策凌驾于经济政策之上,或者产业政策的扩展是不受限制的。

(二) 市场失灵理论

市场失灵是指市场机制无法有效地配置资源或者最优配置资源要素。对国内外不同专家和学者的观点进行总结和分析,可以得知信息的不对称性、外部效应的存留、公共产品的供给、规模经济的形成以及市场竞争的不完全性等方面是市场失灵、政府干预的关键因素。其原因在于不能实现帕累托最优状态,即不能达到资源的有效配置。市场失灵在一定程度上为当代产业政策形成提供了合理的经济凭借。然而,在绝大多数的发展中国家市场还有待健全,所以它不是一个完全由市场失灵或市场不足所涵盖的问题。为此,经济学家针对发展中国家,从多方位的视角拓展了形成产业政策的理论基础。

(三) 后发优势理论

比较优势理论由李嘉图提出,其认为基于不同行业、不同国家产生的费用有所区别,每个国家需要优先发展具有最大优势的产业。但李斯特指出,一个国家倘若工业起步较晚,可以通过国家产业政策的维护与扶持,将新的优势产业发展起来,后起国家只有参与这一主导产业的国际分工,才能发挥国际分工的优势,利用国际分工和先进的生产结构,这就是培育优势说。基于上述两个理论,日本经济学家指出,因为后起国家能够对先进国家的技术进行直接的吸纳与引进,其技术成本相对较低,同时在技术成本、资源和资金相同的情况下,其还存在低廉劳动力成本的优势,在国家维护和培育下,如果实现规模经济,就会加大新优势产业发展的可能性,就能够同发达国家在传统资本、技术密集型分工等方面进行竞争,此即为后发优势理论。

(四)结构转换理论

结构转换理论也是一种先进的产业结构理论。基本宗旨为一国的产业结构应该持续地、适时地由低级转变为高级,如此一来,方可从根本上达到赶超的目的,使其处于领先地位。历史上一些发达国家相继没落的关键原因就是产业结构没有及时转变。对产业结构在经济发展过程中的变化规律进行研究的学者主要有库兹涅茨(美国)、霍夫曼(德国)以及克拉克(英国)等,相对应的学说是库兹涅茨增长理论(产业结构在国家经济增长过程中是持续改变的,即要想赶上且处于领先地位,就需要适时地、不断地从低级转换为高级)、霍夫曼比率(资本资料下降的净产值和消费资料下降的净产值之比在工业化进程中是持续减小的)以及配第-克拉克定理(第一产业的就业比重伴随经济的增长而继续下降,第二产业和第三产业的比重会持续上升)。基于对欧洲和美国的经济学家的经济结构转型理论的研究,日本经济学者指出了执行国家的产业政策的理论依据主要包括三个方面:一是作为一个极其关键的利益再分配过程,结构转换离不开政府产业政策的介入;二是结构转换的完成应该具有主动性,而不应具有被动性;三是在转换过程中,注意协调和非经济目标之间的关系。

(五)规模经济理论

在西方经济学中,规模经济理论基础内涵可以理解为,鉴于受到可变成本与固定成本的组成、市场开发进程等方面的影响,从客观层面而言,产业发展具有最优经济规模的生产成本最低化,单位生产成本下降之前未达到最佳规模而处在最优经济规模的生产成本最低化,单位生产成本下降之前未达到最佳规模而处在不断下降的进程,继续扩大这一进程的规模是有益的。规模经济理论被日本经济学者最大限度地予以运用并且得到了深层次的发展,阐述出新的观点,主要体现在以下三个方面。第一,在客观层面上,产业内部具有企业与工厂规模的差异,竞争秩序取决于企业规模,生产成本取决于工厂规模,当企业规模和工厂规模在经济追赶时期出现冲突,国家需要运用产业政策,首先要确保工厂规模实现最优,必要时不惜牺牲竞争活力以及容许寡头垄断现象的出现,方可确保产业加速发展。第二,在外资企业垄断某一产业的国际或国内市场的情况下,当存在"先行者利益"时,国内企业实现特定规模需要一个发展过程,方可打破加入壁垒,抵消国家对外国企业的长远利益。政府需要借助产业支持政策,承担振兴这些企业产生的费用。第三,在具有最优规模的产业中(运输、通信等),因为实现最优规模前的社会效益要比企业的利润率高很多,所以在一定阶段内,政府直接组织国有企业或者直接投资是极为必要的。

三、体育产业政策的影响

(一)对合理地发展体育产业结构具有推动作用

在体育产业结构变化中,体育产业政策发挥着极其重要的作用。政府可以从宏观经济层面出发,制定并实施能够满足不断变化的供应和市场需求的体育产业的相关政策法律,并依据经济发展形势调整体育产业不同部门间资源的合理分配。

（二）可以弥补市场失灵和为体育产业分配资源

历史经验表明，在不同国家，产业政策最常见的功能是弥补市场失灵。市场机制不具有万能性，对于提供公共产品的企业和部门，在不完全竞争、垄断和对外经济方面，价格机制不能有效地划分各自的资源。这是市场机制的局限性。科学合理的体育产业政策和市场机制相结合可以最大限度地减少工业效益造成的市场失灵，促进体育产业的发展。

（三）实现体育产业的超常规发展，缩短领先时间

经济落后国家要在较短时期内发展体育产业和技术体系，如果依靠自由市场调节，就需要长期的资本积累过程，短期内无法满足产业快速发展的要求。政府可以在市场机制基础上制定并实施更多的"赶超策略"，促进体育产业的快速发展。

（四）强化国内体育产业的国际竞争力

体育产业全球化基于经济全球化已成必然，制定并实施体育产业全球化政策，有助于推动国内体育产业进一步发展，增强国际竞争力，取得国际竞争优势。

四、体育产业政策的内容

（一）体育产业组织政策

产业组织政策是指政府制定的产业政策，目的是实现理想的市场效应，干扰市场结构和市场行为，并规范企业之间的关系。政府之所以要制定并实施产业组织政策，主要原因如下：在市场经济条件下，市场力量本身无法避免自发的过度竞争，也不能阻止大公司根据其地位通过卡特尔、价格歧视等不公平的优势获得高额垄断利润，并由此引起经济活力丧失、资源配置效率低下等问题。在这种情况下，政府通过立法制定市场规则，规范企业市场行为，能够在一定程度上协调竞争与规模经济之间的冲突，调整企业之间的关系，维护正常的市场秩序，促进有效竞争和优化资源配置。

体育产业组织政策是产业组织政策在体育产业领域的具体运用，是由政府制定和批准，协调体育产业与规模经济的冲突，调整体育企业之间的关系，促进体育产业健康发展的一系列经济政策的总和。从内容上看，体育组织的体育政策主要包括反垄断政策和限制过度竞争政策。反垄断政策是政府干预产业政策的典型政策，也是产业组织政策的重点。通常，政府通过立法来解决竞争与规模经济之间的矛盾，制定有关反垄断和反不正当竞争的法律法规，通过协调企业之间的关系，有效遏制市场垄断。反垄断政策和反不正当竞争政策主要有两方面作用。一是预防垄断性市场结构的形成。通过制定扶持中小企业发展的政策和限制企业合并的政策，有效保护中小企业生存和发展，防止生产过度集中从而形成新的市场垄断势力，营造公平竞争、充满活力的市场环境。二是停止并限制竞争对手的参与和不公平的价格歧视。通过对商业欺诈、独家交易、搭配销售、商业贿赂、非法的价格歧视等不正当竞争方式的打击和处置，保护有效竞争。由于美国是体育产业最早得到发展并且最为成熟的国家，因此美国也最早使用产业组织政策对体育产业发展进行规范和调控。美国的产业组织政策主要体现在联邦政府所制定的一系列反托拉斯法规上。美国第一部反垄断法是1890年出台的《谢尔曼反托拉斯法》（简称《谢尔曼法》），这个法规作为保护贸易和商业免受非法限制和垄断之害的法案被通过。这部法规的出台，构成了美国反托拉斯法的基础。《谢尔曼法》有两个关键条款，其基本规定如下：任何以托拉斯或其他形式作出的契约、联合或共谋，如果用于限制州际贸易或对外贸易或商业，都是违法的；任何垄断者或企图垄断者，与他人联合或共谋垄断州际或与外国间的贸易或商业之任何一部分者，都被视为刑事犯罪。《谢尔曼法》第一次明确公布了美国对垄断的公共政策。为了强化反垄断法的落实，1914年美国出台了《联邦贸易委员会法》，根据这一法规的授权，组建了联邦贸易委员会，从而为反垄断法规的执行建立起一个强有力的组织机构。同年，美国出台了《克莱顿反托拉斯法》（简称《克莱顿法》）。

作为对《谢尔曼法》的替代性法规，《克莱顿法》有关条款更为明确和详尽，对有些原则性条款还进行了修改，如《谢尔曼法》宣布为违法的行为必须证明是损害了竞争，但《克莱顿法》认为违法的行为并不一定发生实际的损害。1936年出台的《鲁滨逊－帕特曼法》则扩大了上述法规中有关价格歧视条款的适用范围，并对此作出更为具体的规定。

美国的反垄断法规在体育产业领域的运用总体上是以有利于体育产业发展为基本原则的。例如，美国最高法院在对美国全国大学生体育运动联合会（NCAA）的电视转播权案的审理中，就根据有关反垄断法规判定NCAA对橄榄球电视转播权的垄断是非法的，各个大学可以自行谈判转播合同。又如，根据美国的反垄断法规，所有的垄断组织都是不利于竞争和导致消费者甚至整个社会福利损失的，因此，应通过分割和解散的方式加以限制。但是，在现实的经济生活中，许多垄断组织是自然垄断性质的，具有不可分性；有些垄断组织事实上无法实施垄断权力；有些垄断组织是基于规模经济而建立起来的，其收益和资源配置效率本身就高于分散经营。反垄断法规的基本条款大都是原则性的，在不断完善的过程中，通过补充一些豁免条款和制定一些例外法，有效解决了这些问题。此外，在电视转播领域，体育运动也获取了有限的豁免。1961年，美国国会通过了《体育反托拉斯转播法案》，该法案允许橄榄球、冰球、篮球以整个联盟的名义获得电视收入。而根据1957年的拉多维奇判例，对于没有反垄断例外的实体，与电视媒体签订统一合同是非法的。可见，反垄断法规在体育产业领域的运用具有很强的灵活性，其根本的原则是有利于体育产业的健康成长。

限制过度竞争政策主要是针对自然垄断性质产业类型，其目的是防止投资重复和过度竞争导致的资源配置效率低下，以确保合理使用资源、可持续的产品供应、公平的收入分配、价格稳定和行业健康发展。限制过度竞争政策的实施是通过政府以其法律所赋予的权力，采用行政许可、法律认可等手段，对企业的有关市场行为加以限制。限制过度竞争政策的主要内容包括进入限制、数量限制、质量限制、设备限制、价格限制和退出限制。进入限制是限制过度竞争政策的基本内容，即通过对申请人资格的筛选和批准程序，严格控制特定垄断行业的行使权。其目的是限制过度竞争并提供规模经济和范围经济效益。数量限制是为了避免过度或非常小的投资带来的工业限制以及生产过剩或稀缺造成的价格过度波动、过度竞争和资源损失。它主要通过投资限制和产量限制两方面政策来实现。质量限制是为了防止自然垄断产品和服务质量出现下降趋势，并避免对合法消费者权益的限制，它主要是通过制定和实施产品与服务质量标准来实现的。设备限制是对自然垄断行业关键设备的规格、技术性能、安全性能和环保标准的直接限制，以消除自然垄断阻碍设备更新，满足质量标准和环境保护要求，推动行业技术进步。价格限制是对自然垄断行业产品和服务的价格水平和价格方法的限制，从而协调企业利润最大化目标与消费者利益之间的矛盾，有效保护消费者利益。退出限制是政府不允许自然垄断行业管理者退出初始生产和服务领域以确保可持续供应公共产品和服务，避免广大消费者的生活受到比较严重的影响。由于限制过度竞争的政策直接影响着企业的生产和经营，同时赋予政府部门较大的权力，稍有不慎，就可能发生政府官员滥用职权和腐败的情况，所以必须高度重视行政的公正、廉洁和高效。

在体育产业发展过程中，反垄断政策主要适用于体育产业已发展到较高阶段的国家。在体育产业发展的初级阶段，体育公司的规模经济没有得到充分体现。组织体育产业的主要任务是限制过度竞争，通过制定一系列强有力的措施，如体育产业的市场进入标准、产品质量标准等，维护体育产业发展的良好市场环境。但是，由于现阶段体育产业仍是我国工业体系中的弱势产业，行业市场竞争非常差，因此体育产业组织政策不仅仅在于改变无序的市场竞争状况，还在于促进体育产业快速发展。所以，体育产业组织政策应优先支持体育产业发展，在发展前提下规范市场竞争秩序，否则会陷入收收放放、一收就死、一放就乱的怪圈。

（二）体育产业结构政策

体育产业的发展，一方面体现为体育产业对国民经济贡献率的提高，包括产值贡献、就业贡献等；另一方面体现为体育产业内部结构的不断优化和先进水平。体育产业在国民经济中的贡献率实际上是一个总量问题，但总量问题总是与结构紧密联系，相互制约、相互促进。没有总量的增长，就谈不上结构的优化和高级化；没有结构的优化和高级化，也难以支撑整个体育产业的快速发展，自然就不可能对国民经济有一个较高的贡献率。体育产业结构政策的根本任务是通过一系列政策驱动，不断推动体育产业内部结构合理化，为体育产业的发展提供有力保障。体育产业结构政策主要包括以下两个层面。

第一，选择主导行业，安排产业发展序列。一方面需要依赖于产业组织政策，通过企业兼并、改组、集团经营等方式，促进体育资源各要素重新配置组合；另一方面则需要依赖于产业结构政策和投资政策，通过对主导行业、一般行业、支柱行业的产业发展序列安排和采取相应的结构对策，调整资本增量，使产业结构合理化和高度化，实现体育资源各要素的合理配置。我们要了解优先发展领域应具有的产业特点，以符合国家产业政策为前提，寻求具有高速的成长性、较强的经济辐射力和比较优势与竞争力优势的行业作为主导行业。根据这几个特征，体育竞赛表演业具有优先发展的优势。首先，竞赛表演业具有高速的成长性；其次，体育竞赛表演业能够兼顾比较优势与竞争力两个因素，且对其他产业的拉动性很强。当然，由于全国各地的情况存在很大的差异性，不能以"一刀切"的思维方式去确定各省市体育产业的发展方向和优先发展领域。从地域分布和体育内部结构组成角度看，应提倡"局部优先发展战略"，譬如，竞赛表演业应是经济发达地区的优先发展领域，健身娱乐业是次经济发达地区的优先发展领域。

第二，体育产业结构政策除了体现在确定主导行业、优先发展序列外，还表现在不同行业之间的政策导向上。譬如，对幼稚产业的保护和扶植政策；对主导行业的扶植与培育政策；对衰退行业的援助和调整政策。体育产业结构调整政策应根据体育产业发展的整体需求或社会目标来制定并实施，针对特定产业进行干预和支持。例如，对于那些具有发展潜力、技术优势明显、市场关联度高且盈利前景良好的体育产品和服务项目，可以实行如保护期限建议、关税保护等措施，以及采用非关税手段进行扶持。对于科技含量较高的体育器材和装备制造企业，应依托国内技术和市场，利用有限的贸易保护措施，创造出具有一定国际竞争力且适度保护的市场环境，从而替代进口产品。对于那些市场需求尚未成熟的高消费体育建设项目，如高尔夫球场地建设，则应实行条件性限制。

（三）体育产业发展的其他政策

1. 财政政策

财政政策包括财政支出政策和税收政策，是国家扶持或限制产业发展的主要手段之一。财政支出政策主要是通过政府财政预算投资，包括分产业部门的不同折旧制度在内的特殊金融体系，政府采取财政补贴等措施支持或限制某些行业的发展。税收政策主要通过实施行业、部门或产品的差别税率，以及特定时期的特殊税收调整、关税保护等措施来支持或限制某些行业的发展。对于体育产业来说，国家可以运用财政政策工具，通过权力参与经济收入和支出流动，促进体育产业的发展，达到发展体育产业的目标。

从发达国家的经验来看，财政政策始终被作为扶持体育产业发展的重要工具。例如，德国就是利用财政政策扶持体育产业发展最为典型的发达国家。1990年，德国颁布了《体育俱乐部提供援助法》，根据这个法令，体育俱乐部的税收负担得以大大减轻。此外，德国的有关税收政策还对体育俱乐部经营实行税收优惠，如果体育俱乐部所开展的某项经营活动出现亏损，可以用另一项经营活动的收入加以弥补，体育俱乐部的经营收入若低于6万马克，则享受免税优惠。西班牙、澳大利亚、韩国也都对体育赞助实施免税优惠,以保证体育产业有足够的资金投入,促进体育产业发展。西班牙法律规定,其他公司作为礼品馈赠给各单项体育协会的产品,可以不列入应缴纳的公司收入税总额,也不需要任何赞助协议。赞助单位无论是提供给运动员个人还是提供给其所在的组织的赞助款均免征公司所得税。澳大利亚1986年成立的体育基金会经政府特许,可以向捐赠人出具一种特种收据,凭这种收据可以减免收入税。韩国政府也规定对体育赞助免交所得税。

2. 投融资政策

任何产业的发展,都需要一个健全、高效的投融资体系作为保证。体育产业是一种新兴的、具有高成长性的产业类型,确保足够的资金投入是其健康发展最为基本的条件。

从发达国家体育产业投融资体系来看,主要有政府投入型、社会筹措型和政府投入与社会筹措结合型三种类型的投融资体制。单纯的政府投入型投融资体制实际上是一种体育没有完全商业化之前的投融资形式,政府只有把体育事业作为纯粹的公益事业时,才可能包揽所有的资金投入义务。在这种体育事业发展模式下,体育训练及设施、体育竞技与表演等方面普遍采取举国体制,体育健身也仅仅是一种覆盖范围很小而且档次很低的公共服务而已。采取这种投融资体制的国家,体育事业发展所需资金主要来源于社会公共消费基金,由国家财政在公共事业费中和各个系统的体育事业费中列支。社会筹措型投融资体制则是一种过度市场化的投融资形式,体育产业发展所需要的资金完全靠社会方式筹措,或者由企业采取市场化方式运作来筹措,所组建起来的企业也采取商业化经营,或者采取社会赞助方式,包括公益事业赞助和商业赞助,但所能够筹措到的资金十分有限。而且,这种投融资体制在很大程度上会弱化体育的公益性质,无法满足体育产业发展的需要。美国、意大利等国家曾经在很长时间内采用这种体制。从目前的情况来看,比较成功的投融资体制是将上述两种投融资体制结合起来的类型,即政府投入和社会筹措结合型。这种类型的优点是既保证了体育事业的公益性特征，扩大了居民参与休闲健身运动的覆盖面，有利于提高全体公民的身体素质，又能够为体育产业发展提供强大的资金保障。采取政府投入与社会筹措结合型投融资体制，政府的财政支付是体育产业发展的基本资金来源，体育企业的资金积累是体育产业发展的主要资金来源，社会赞助是体育产业发展所需资金的重要补充。

除以上三种类型外，采取发行体育彩票和建立体育基金会的方式来筹措体育产业发展所需资金，是目前国际上普遍使用的融资方式。发行体育彩票已成为筹集体育产业发展资金的重要手段之一。体育彩票的发行必须有健全的法律法规来规范彩票市场的运行。例如，西班牙在《西班牙体育法》中就对体育彩票发行的有关方面问题作出非常明确的规定。

建立体育基金会也是发达国家筹措体育发展资金的重要方式。各种体育基金会在管理体制上一般是通过建立由政府机构、体育管理部门、国家奥委会等多个方面代表组成的理事会来行使对基金的管理权，这些人员中往往还包括运动员代表以及财务和金融专家。基金理事会不仅要建立严格的管理制度对现有资金进行管理，还要通过多种方式筹措资金。例如，接受各种类型的捐赠、发行各种形式的纪念品、发行体育彩票、举办各种表演、从事一定范围的商品经营等，甚至有些国家的体育基金会还会进行证券市场的投资以获取收入。

3. 体育产业布局政策

（1）体育产业布局政策的目标。从体育产业布局政策的目标来看，体育产业布局政策往往与经济发展程度相关联。也就是说，在经济发展初期，政府倾向于强调产业布局的非均衡性，即优先发展具有特色或优势的地区体育产业，从而推动整体体育产业及国家经济的增长。这种策略意在通过特定地区体育产业的发展带动其他地区的体育产业发展。相反，在经济较为发达的时期，政府的关注点转向确保经济公平和社会稳定，因此更倾向于促进各地区体育经济的均衡发展。

第二章 体育产业基本理论

为促进不同地区体育产业的均衡发展，须制定高效且合理的区域体育产业政策。这些政策应基于全面规划、适应地域特性、发挥各地优势、分工协作和共同发展的原则。具体而言，各地区应根据自身条件选择发展重点和优势产业，避免产业结构的同质化。在我国当前经济发展阶段，东部地区的体育产业作为国民经济增长的重要板块，需要加速市场的全面发展和完善，特别是加强体育服务业的发展，尤其是竞赛表演业，以适应产业和区域产业结构的转变。对于中部地区，应充分利用其人口和资源优势，集中发展体育产品制造业及相关领域，并建立相关的体育用品生产基地。而西部地区，则应依托其独特的自然生态和地理条件，着重发展体育探险、体育旅游和民族体育等特色产业。此外，西部地区还应根据当地的人力资源和物产条件，有策略地建立体育用品生产和运动训练基地。按照国家的东、中、西部协调发展战略，应在东部地区加速资本市场的发展，充分利用大型体育设施，并推动体育彩票的发行。同时，从体育彩票的公益金收入中划拨一定比例的资金，设立中西部体育发展基金，支持中西部地区发展中小型体育设施，并在项目、资金、税收等方面给予中西部地区优惠政策，以促进国家体育产业的均衡和全面发展。

在区域体育产业的发展模式方面，有学者提出，京津地区选择以体育竞赛观赏服务业作为主导产业部门，沪江浙区域选择以商业体育赛事服务业和健身休闲服务业为区块主导产业，穗深珠区域选择以商业体育赛事服务业和健身休闲服务业为双重主导产业。在西部的体育产业发展方面，把经济基础好的西安、成都和重庆建成体育产业核心区，并以此带动整个地区的发展；大力发展具有西部地区特色的体育旅游产业，努力把昆明建成现代化体育城，使之成为西部地区体育产业发展的亮点；西部的边境开放区要发展与民族传统体育项目有关的体育产业。

（2）正确选择地区体育主导产业。制定地区体育产业发展战略，关键在于综合考虑各个因素，如资源丰富度、市场潜力、技术成熟度、经济规模及产业联动性。以广东省为例，建议以广州奥林匹克中心和黄村体育训练基地为发展核心，依此打造广州体育广场和娱乐城，而汕头、肇庆等地区则应专注于发展水上运动训练基地，通过训练基地和民间资本的合作，打造体育活动和娱乐市场，吸引国内外队伍训练。在深圳，应重点发展以少数民族体育项目为中心的多样化娱乐市场，尤其是富有创新性和刺激性的体育项目。

对于上海市，根据其体育产业的优势和现状分析，应优先发展体育健身娱乐业和体育竞赛表演业，同时支持体育场地服务业、体育经纪业和体育金融保险业的发展。还应限制体育用品制造业、体育培训业和体育建筑业的发展，保持体育信息传播业、体育商业服务业和体育广告业的稳定发展，形成合理的产业发展序列和结构。

对于湖北省，其体育产业布局应基于资源分布和比较优势进行规划。由于地区间经济技术发展的不平衡，湖北省形成了体育产业的梯度发展模式，即优先发展大中型城市的体育产业，带动其他地区乃至全省的体育产业发展。建议优先发展体育健身娱乐业和体育竞赛表演业，同时支持体育场地服务业、体育培训业和体育用品制造业的发展，大力发展体育信息传播业、体育经纪业和体育广告业，并维持体育彩票业的发展规模和速度。

（3）体育产业布局政策实施的手段。体育产业布局政策主要是规划性的，同时也包括一定意义上的政府直接干预。在地区发展重点的选择上，产业布局手段主要有以下三个。

第一，制定国家产业布局战略。规定战略期内国家重点支持发展的地区，同时设计重点发展地区的体育发展模式和基本思路。

第二，国家以直接投资的方式支持重点发展地区的体育公共设施，从而介入当地体育产业的发展。

第三，差别性的地区经济政策。重点发展地区的投资环境显现出一定的优越性，才能吸引更多的资金和人才进入，从而促进该地区体育产业的发展。

第三章 体育产业发展的思路

第一节 创新体育产业管理体制

一、体育产业管理体制创新的必要性

创新体育产业管理体制对于我国体育产业的发展至关重要。随着体育产业的快速发展和体育产业化程度的加深，体育产业已成为推动国民经济增长的重要力量。体育不仅关乎国家强盛和民族振兴，还是实现人民对美好生活向往的重要组成部分。在此背景下，我国体育产业的发展规划不断完善，为其可持续发展提供了新动力和政策支持。改革开放以来，我国体育产业实现了历史性的飞跃，特别是成功申办2008年北京奥运会、2022年冬奥会，为体育产业的进一步发展提供了契机。同时，随着社会消费需求呈现出多样化趋势，消费观念和产业结构正向系统化、综合化转变。调查数据显示，近年来我国体育产业的增加值和增长速度显著，体育产业在国内生产总值（GDP）中的占比逐年上升。党的十九大报告提出的"以人民为中心"的发展思想，与全民健身活动紧密结合，成为推动体育产业发展的重要驱动力。然而，与发达国家相比，我国体育产业在创新发展方面还有较大的提升空间，需要政府、社会和市场的

共同努力。我国体育产业面临广阔的发展前景和巨大的拓展空间。发展离不开创新的管理体制和高效的组织管理。创新是推动体育产业发展的关键,而高效管理则是实现产业有效发展的核心目标。

为了建立最佳的管理体系,我国体育产业需要在机构设置、结构调整和政策制定等方面进行改革和创新。通过优化管理体制和机制,激发体育产业的活力,提高资源配置效率,从而推动体育产业实现更高质量、更可持续的发展。

总之,体育产业管理体制的创新对于实现我国体育产业的长远发展具有重要意义,具体体现在以下三个方面。

(一)有利于中国改革理论研究的拓宽

改革作为人类社会发展的必然选择,在中国理论研究领域呈现出多元化和广泛性的特征。从经济体制、政治体制到文化体制和社会管理,中国的改革之路在开放的环境中不断深入,呈现出深层次、广范围的拓展趋势。随着历史发展的脚步,改革的研究也在不断进步,既为中国的改革事业提供前瞻性指导,又对其进行系统性总结。

中国体育产业管理体制改革,不仅是体育体制改革的一部分,也与经济、政治和文化体制改革紧密相连。因此,研究中国体育产业管理体制改革不仅是对特定领域的深入探索,也是对整体改革理论研究的重要拓展。这将使得改革理论研究更加系统和细致,丰富和完善整个改革领域的理论体系。

(二)有利于加快中国产业结构的调整

体育产业作为中国经济发展的关键领域,对国民经济产业结构的优化和升级具有显著的推动作用。对体育产业管理体制进行深入研究和改革,不仅能够完善体育产业的整体架构,还能促进整个国民经济产业结构的合理化,从而维护并加强国民经济的健康发展趋势。作为第三产业的重要组成部分,体育产业的持续优化和升级将有效推动整个第三产业的发展,有利于我国产业结构向以服务业为主导的方向转变。目前,中国体育产业正逐步向社会化、职业化和市场化方向发展，为国民经济的可持续发展注入新的活力。随着体育产业的不断壮大，其有望成为国民经济的支柱产业之一。因此，调整和改革体育产业管理体制，将对中国经济的转型和发展模式的变革产生重要影响。这些改革将有助于促进三大产业结构的优化调整，对国家经济的整体发展具有深远意义。综合来看，创新体育产业的管理体制，在加快中国产业结构的调整，实现经济的高质量发展中发挥着重要作用。

（三）有利于加快体育强国的建设

在制度完善、组织机构健全和法治环境优化的背景下，中国体育产业的发展将为实现体育强国目标提供有力支持。预计随着体育企业规模的不断扩大，将涌现出一批具有竞争力的领军体育企业和产业集团，这将有助于改善政事分离、政企分离的现状。同时，体育产业政策将更加合理科学，市场机制在资源配置中的作用将得到加强，市场将更为成熟，管理更为规范，监管体系更为完善。此外，随着体育产业的蓬勃发展，高素质的经营和管理人才队伍将不断壮大，为产业发展注入新的活力。体育产业作为推动体育事业发展的关键力量，其自身的壮大将为竞技体育和群众体育的管理体制改革提供有益经验和模式，间接促进体育事业的全面发展。这些积极的变化和努力将共同推动中国向体育强国的目标迈进，实现体育产业和体育事业的协调发展。

二、体育产业管理体制创新应对策略

（一）提升体育产业治理能力

体育产业治理现代化是国家治理体系现代化的关键部分。《体育强国建设纲要》提出，到2035年，体育治理体系和治理能力实现现代化，体育产业成为国民经济支柱性产业。作为市场多元主体和社会资本吸纳的集合点，体育产业已成为国家政策设计的重点关注领域。目前，推动体育产业治理理念的贯彻实施，强化顶层设计变得尤为重要。

政府在体育产业管理中扮演着重要角色，将体育产业视为评估各级政府绩效的重要指标。首先，政府应建立体育产业联席会议制度和协调机制，以确保体育产业的发展政策和决策能够得以有效实施并达成既定目标。这一制度应充分整合市场主体和社会组织，通过制度化设计，促使其积极参与体育产业联席会议。其次，政府还需要推动体育产业的社会化改革，以确保行业标准和服务能够得到有效执行。政府应履行监管市场、制定行业标准、提供公共服务、执行规划政策等职责，实现从"体育管理"向"体育治理"的转变，以适应政府简政放权、多元治理、民主决策和实现共同利益的发展趋势。最后，为了贯彻《体育强国建设纲要》，政府还需要解决政府职能定位不明确、社会组织功能不充分、市场主体参与不足等问题。这意味着需要改革体育产业的发展机制，从传统的管理模式向更加灵活的治理模式过渡，以完善整体体育产业发展的机制。

（二）完善体育产业法律法规和政策体系

与发达国家相比，中国的体育法律法规建设仍有较大的完善空间。为了满足体育产业发展的需要，国务院办公厅已经提出了完善相关法律法规的发展战略，并明确强调了《中华人民共和国体育法》修订工作的重要性，这一工作受到国家层面的指导和支持。在"十四五"期间，中国将迎来体育产业发展的战略机遇。因此，中国需要积极抓住这一机遇，逐步强化和完善体育产业的法律法规体系，以构建体育产业强国的法律基础。这项工作不仅需要在国家层面进行，还需要在各地区层面同步推进。在体育产业法律法规的完善方面，政府和市场都应发挥关键作用。政府可以通过政策的引导和协调作用来支持产业发展，同时也需要注重政策的执行，确保各项政策有效实施。市场在体育产业的发展中扮演着重要角色，应充分发挥市场力量，推动产业的健康发展。特别需要关注的是完善地方体育产业的法律法规。这一领域的改进对于促进地方体育产业的发展至关重要，是实现区域体育产业发展的关键措施之一。因此，地方政府需要积极参与并支持这一工作。

（三）完善体育产业市场体系

完善体育产业市场体系是推动体育产业发展的关键任务。在市场经济体制下，市场机制在资源配置中发挥着关键作用，而体育产业市场体系则是各要素相互作用的复杂系统，对促进体育产业的全面发展至关重要。为了实现这一目标，必须注意以下三点。首先，科学的市场规划至关重要。国家政策法规的支持是构建健康的市场体系的基础。政府需要进行宏观管理和市场调控，以确保市场能够自由有序地运行。这包括制定相关政策、保障市场竞争的公平性、促进市场主体的合规经营以及支持创新和技术进步。其次，应着力构建具有中国特色的体育产业格局。这需要整合各类资源，明确发展的优先领域，打造具有特色的品牌。中国拥有丰富的体育文化和资源，可以在传统体育项目的基础上发展新兴体育项目，推动体育文化的创新和传播。最后，一个完善的体育产业市场体系需要依托于健全的市场组织体系、法律政策体系和金融监管体系。由市场组织体系支持市场主体的自由进入和退出，由法律政策体系保障产业的合法权益，由金融监管体系监督金融市场的稳健运行。

（四）完善高校体育产业管理专业人才培养机制

完善高校体育产业管理专业人才培养机制是当前高等教育领域的一项重要任务。当前，高校需要调整和优化体育产业管理专业的人才培养模式，以适应快速发展的体育产业的需求。第一，高校应重视实用性和实践能力的培养。体育产业是一个实践性很强的领域，理论知识只有在实际操作中才能得以巩固和应用。因此，高校需要将理论教育与实际社会服务紧密结合，确保学生在校期间有机会参与实际的体育产业项目，解决实际问题，培养实践能力。第二，高校应与体育企业建立紧密的合作关系。校企合作可以为学生提供更多的实践机会，使他们能够了解体育产业的最新趋势和需求。高校可以与企业合作开设实践课程，让学生在真实的工作环境中学习和实践。同时，高校还可以邀请体育企业的专业人士来校授课，分享他们的实践经验。第三，高校要重视学生的就业质量。毕业生的就业质量是衡量高校教育质量的重要指标之一。高校应积极与体育产业企业合作，提供就业机会和实习机会，为毕业生顺利就业提供支持。同时，高校还应关注毕业生的职业发展，帮助他们实现职业目标。第四，高校需要培养具有实践经验的复合型师资。教师是学生学习的重要导师，因此教师必须具备丰富的实践经验。高校可以通过参与企业管理和运营合作来提升教师的实践能力，让他们成为理论与实践相结合的双师型人才。第五，高校应积极开展国际交流与合作，提升教学水平。通过与国外高校和企业的合作，高校可以引入国际先进的教育理念和实践经验，拓宽师生的国际视野，提高教学质量。

（五）探索体育产业政产学研一体化合作机制

为促进体育产业的全面发展，探索政产学研一体化的合作机制至关重要。这种机制能够有效协调各方力量，促进创新，建立共同遵循的规则，并在合作中避免体育行业内的不良竞争，解决不平衡和不公平问题。政产学研一体化合作在建立创新平台、优化公共服务、推动技术进步和针对性人才培养方面具有显著优势。在这一过程中，应充分利用社会组织的优势，如成立中国体育产业联盟，建立一个多方交流互动的平台，从而全面提升体育产业的发展水平，加速体育强国的建设。各方应共同努力，发挥各自优势，通过长期合作实现共赢，推动体育产业与经济社会效益的协同发展。政府应采取合理的体育产业结构政策，对体育产业结构进行宏观调控，促进体育产业向合理化和高级化方向发展，提升其在国民经济中的地位。同时，学校应探索多种合作模式，如与体育部门建立科研联盟，与企业建立专业的科技中介服务团队，建立体育科技产业推广平台，加速体育科技成果的应用和产业化。此外，政府、企业、高校和科研单位应共同建立信息交流库，加强信息互通，为合作方提供跟踪反馈和监督指导。在政产学研一体化过程中，不仅要关注各方之间的合作，还要探索各方内部的合作可能性，建立更广阔的合作平台，以促进各方更加积极有效地合作，推动体育产业的快速发展。

第二节　注重相关人才的培养

人才是产业发展核心竞争力中最基础、最活跃、最关键的因素，体育产业创新创业人才的质量和数量是影响体育产业高质量发展的重要因素。随着新时代体育产业的飞速发展，作为体育产业发展的智力因素、必然内涵和核心竞争力，体育产业创新创业人才培养已引起业界和学界的广泛关注。2019年国务院办公厅印发《关于促进全民健身和体育消费推动体育产业高质量发展的意见》，其中指出，要"鼓励普通高校、职业院校设置体育产业相关专业，形成有效支撑体育产业发展的高层次人才培养体系"。2021年国家体育总局印发《"十四五"体育发展规划》，其中指出，"充分发挥科技、资本、人才、数据等核心要素在体育产业创新发展中的作用"。由此可见，国家高度重视体育产业人才要素在体育产业高质量发展中的智力支撑作用，不断强化对体育产业创新创业人才的培养政策。

一、体育产业注重相关人才培养的现实要求

（一）体育强国建设与体育产业高质量发展的要求

体育产业的高质量发展和体育强国建设对培养创新创业方向的体育人才提出了迫切要求。随着我国体育产业逐渐崭露头角，体育产业人才的培养成为关键任务。尽管在过去的几十年中，政府一直在推动高校培养体育专业人才，但传统的培养模式已经无法满足现代体育产业的需求。近年来，我国体育产业取得了巨大成就，体育产业不仅仅是一项娱乐活

动,还是一个蓬勃发展的经济领域。在这个背景下,体育产业迫切需要具备创新创业能力的体育人才,他们不仅要具备传统的体育知识和技能,还要具备经营策划、运营管理和技术操作等方面的技能。为了满足这一需求,国家体育总局鼓励高校与企业合作,共同培养应用型专业人才。这种合作模式使学生能够在实际工作中学习和实践,更好地适应体育产业的发展。同时,一些高校也开始与社会组织合作,建立多元参与的人才培养模式。这种模式不仅可以让学生接触到不同领域的知识和经验,还可以促进资源的双向流动和整合,有利于培养更全面的体育人才。

(二)国家系列政策对体育产业创新创业的要求

近年来,国家层面的政策对体育产业创新创业人才的培养提出了明确要求,这一举措旨在应对体育产业发展的新趋势和面临的新挑战。如今,体育产业已经成为国家经济的重要组成部分,因此,培养具备创新能力和创业精神的体育人才变得至关重要。在国家发布的政策文件中,如《全国体育人才发展规划(2010—2020年)》明确提出了培育体育产业人才的目标和路径。这些政策文件强调了多元化的培养途径,包括高等院校教育、校企合作、产业基地建设以及科研平台的建立。这些途径为培养既懂体育又懂经济管理的复合型人才提供了多样化的选择。具体而言,政策要求体育类高等院校需要根据国家政策,合理规划和设计人才培养方案。这意味着高校应该根据国家的发展战略和体育产业的需求,调整和优化课程设置,强化实践教育,注重创新创业教育,培养学生的综合能力。高校还应积极与企业和社会组织合作,提供实践机会,让学生在真实的工作环境中学习和成长。此外,院校应积极响应国家的战略需求,将人才培养与创新型国家建设目标紧密结合,为培养能够促进体育领域创新和发展的高素质人才提供坚实的基础。

(三)市场对体育产业复合型人才的要求

随着体育产业的进一步发展和专业化,市场对体育人才的需求也日益增多,对具备多元专业知识的复合型人才需求尤为迫切。当前,体育行业不仅需要懂得体育知识的人才，还需要精通金融、互联网、营销、法律等领域知识的人才，以适应资源整合、项目实施和商业化转型的需求。然而，我国传统的人才培养模式由于缺乏独特性和创新性，难以满足市场的多元化需求，导致市场资源配置无法达到最优，出现市场失灵现象。面对这一挑战，我国的供给侧结构性改革有效激发了市场活力，提升了社会组织在培养体育人才方面的积极性，同时也增强了体育产业的可持续发展能力。自2010年以来，我国已经出台了一系列体育产业创新创业相关政策，大大推动了体育产业的多方面发展。这些政策旨在完善体育产业人才培养体系，促进人才培养模式的创新和多元化，进而满足体育产业快速发展的人才需求。

二、体育项目管理人才的培养

项目管理是指在有限的资源环境中，组织在项目进行过程中运用系统的理论和方法，合理地计划、组织、领导与评价，最终实现项目目标的管理活动。体育活动本身就具有一定时间和有限资源的特点，结合项目管理的定义，我们认为，体育项目管理是专门针对与体育活动（最显见的例子如奥运会、世界杯）有关的项目管理活动。即"在有限的资源环境中，组织在与体育相关的项目中运用系统的理论和方法，进行合理的计划、组织、领导和评价，以实现项目目标的管理活动。

（一）培养目标

随着竞争的加剧，高效成功的项目管理者成为急需的紧缺人才。由于体育项目管理人才从事的工作与体育息息相关，所以要求体育项目管理人才既要有专业的项目管理知识、技能，又要熟悉、了解体育。体育产业项目管理人才的培养目标应该定位于：培养体育产业范围内从事项目策划与评估、项目融资、项目组织、项目采购、项目计划、项目实施与控制、项目风险管理、项目人力资源与沟通管理等工作的高级应用型管理人才。

（二）培养内容

1. 思想品质

思想品质是指一个人的意识形态、思维活动、行为和作风所显示出来的思想、道德修养、品性、认识等实质。对项目管理人才来说，就是要求其对企业及管理目标的忠诚如一，为人真诚、谦和、言而有信、言行一致等。

2. 能力素质

在项目管理领域，一个人的能力和素质是他们能否成功的关键因素。这不仅涉及将知识和经验融合运用于项目管理的能力，还包括解决问题的实际能力。以下几个方面的能力素质尤为重要。

（1）创新能力。在竞争激烈的市场中，项目管理人员必须具备前瞻性和创新能力。这包括敏锐的洞察力、丰富的想象力、开阔的思维和新颖的构想。优秀的创新想法不仅可以为企业带来巨大的效益，有时甚至是项目成功的关键。

（2）组织能力。项目管理中的组织能力是确保项目成功的关键要素之一。它涉及如何设计项目组织结构、配置项目团队成员、明确项目的规范和目标等。在现代项目管理中，项目经理和团队需要应用现代组织理论，建立一个科学的、分工合理的、高效运作的组织结构。这个组织结构应该具备一定的弹性，能够根据项目的需求和变化进行灵活调整。在设立项目部职能部门时，必须充分考虑项目的特点和复杂程度，确保人员的配置与项目要求相匹配。

（3）决策能力。决策能力对项目管理人才来说是至关重要、必不可少的一项能力。项目管理人才需要具备经营决策能力、业务决策能力、人事决策能力、战术与战略决策能力等方面的决策能力。特别是在战术与战略决策方面，项目管理人才需要制定明智的决策，把握项目的大方向，并付诸实施。这包括及时收集和筛选信息、分辨信息的准确性以及对国家宏观调控政策等方面的决策。决策能力的高低直接影响着项目的成功与否。

（4）激励下属能力。项目管理人才作为项目的最高管理者，他们需要具备激励下属的能力，以提高团队的工作效率和积极性。激励下属需要根据不同的个体采取不同的激励方式。项目管理人才需要了解下属的动机，以找到能够激励他们、改善工作绩效最有效的方法。有效的激励可以创造条件，使下属达成各自的目标，从而推动项目的成功。

（5）处理人际关系的能力。处理人际关系的能力对项目管理人才来说同样至关重要。项目管理涉及与内外、上下、左右各方人员打交道，因此需要处理好各种人际关系。这包括与项目团队内部成员的协作、与外部供应商和合作伙伴的合作以及与上级领导和其他相关利益方的沟通和协调。一个良好的人际关系网络可以帮助项目管理人才更好地推动项目的进展，解决问题，应对各种挑战。

3. 知识

项目管理人员的知识基础是构成其技术、商业、财务和管理能力的关键。他们需要精通管理学，具备专业技术，熟悉经济财务及相关法律法规知识。此外，对于涉外项目，项目管理人才还应具备良好的外语沟通能力。项目管理人才应展现广博的学识和对体育产业各领域知识的深入理解，以便有效管理和导航项目。

（三）培养途径

1. MBA 教育

体育项目管理人才培养的是高级应用型管理人才，比较理想的培养途径是工商管理硕士（MBA）教育。MBA 是一种专门为培养高素质商业人才而设立的学位，旨在让学生掌握生产、财务、金融、营销、经济法规和国际商务等跨学科知识。MBA 教育强调综合性和实用性的人才培养，重视能力的培养超过知识的传授。MBA 课程涵盖管理学、经济学、金融学、财务和法律等领域，培养学生在组织和领导能力上的精熟，并着重提升学生的沟通技巧、战略规划视角、敏锐思考和问题解决能力等。

首先，MBA 是第一个被广泛接受的国际学位。MBA 是一个研究性学位，有最必要的素质、知识和学术标准要求。其次，MBA 是一个具有工作经验以后的学位，它被看成已有 3 年职业经验之后的一个事业加速器或转换手段。而且，MBA 课程全面覆盖了现代管理的关键职能领域，包括会计、财务、金融、营销与销售、运筹管理、信息系统管理、法律和人力资源管理等。最后，它还提供经济学和数量分析的基础教育，课程的综合性特征显著，涵盖工商政策与战略。MBA 教育着重于培养学生将理论与实践相结合的技能，如决策制定、团队合作、领导能力、企业家精神、谈判技巧以及沟通和报告技能。对于培养体育项目管理方面的高级应用型人才而言，MBA 教育是一个理想的选择。

2. 办学、教学相结合

在综合性大学中培养体育项目管理人才是学生、用人单位的共同选择。综合性大学的许多学科处于科研前沿，专业多、学科综合、人才荟萃，拥有经验丰富的师资队伍，具有成熟的教学与管理经验，掌握新的科技信息，有完备的教学设施和办学条件。对现有教学资源进行充分挖潜，可以较好地实现投资少、费用低的体育项目管理人才培养办学效益，有利于综合性大学"产、学、研"的有机结合。然而，综合性大学也要逐步改变重科研、轻教学的现状。因此，应通过多种途径提高教师的业务水平，培养其敬业意识。改革教师考核及晋升制度，鼓励一线教师，提高体育项目管理人才培养的教学质量。另外，为了完善体育项目管理人才教育培训的管理体制，综合性大学应建设教育培训基地，实施全校统筹，有计划、规范地进行体育项目管理人才培养。

三、体育经营管理人才培养

体育产业的快速进步和变革对体育经营管理人才提出了多元化需求，尤其是对高层管理人才的新要求日益显著。这种产业发展变化不仅为人才教育创造了机遇，同时也对现有的人才培养模式提出了挑战。面对这种情况，构建一个能主动适应社会需求的人才培养体系，并确保人才供给与市场需求的有效匹配，成为一项紧急且重要的任务。

（一）培养目标

在当前体育人才市场的需求背景下，体育经营管理人才培养的目标是培育能够在各种体育领域如体育营销、经营公司、职业体育、社会团体、体育产业发展部门、体育经济管理部门、政策研究部门、健身俱乐部以及高等教育机构（包括体育专业院校）等领域有效工作的专业人才。这些人才不仅能够胜任体育产业的管理工作，还能进行行政操作、商业运营，并具备教学和科研能力。

关于体育经营管理人才培养目标，需要关注以下几点。

（1）行政管理工作主要有管理、协调、服务三大功能，其中管理是主干，协调是核心，服务是根本。体育经营管理人才行政管理的实质就是服务。

（2）教学科研。体育经营管理人才除了完成管理、协调、服务工作外，还应该为体育产业的发展承担教学与科学研究的重要任务。培养目标应该包括从事教学科研的人才。

（3）经营运作工作范围主要包括营业性的体育健身、体育竞赛、体育表演活动的运作，开展营业性的体育培训、体育咨询、体育中介服务，以及运作体育商业赞助、利用体育比赛进行经营活动等体育经营活动。

（二）培养内容

1. 渊博的专业知识和相关的具体科学知识

体育经营管理人才，应当了解当代科学发展的最新信息，熟悉当代自然科学、社会科学和思维科学发展的情况与动向；要能跟上当代自然科学发展的步伐，了解其发展的某些动向与信息；也必须注意关心社会科学发展的最新成就及社会发展中的热点问题；既了解各门具体学科或应用学科的成就与动向，又能作出自己的概括和判断。

2. 社交能力

社交能力是衡量个人适应现代社会需求的关键指标之一，它涉及对人际关系的理解、适应、协调和处理。这种能力分为表达、认知和控制三个方面。在快速发展的现代社会中，建立广泛而多元的人际网络成为必要，特别是对于体育经营管理人才来说，卓越的社交能力不可或缺。因此，体育产业经营管理人员必须熟练掌握交际的基本方式、礼仪和技巧，以便在社交场合中游刃有余，顺利推进业务。

3. 事业心

事业心是推动人们前进的巨大动力和精神支柱。正是由于有着对事业的不懈追求，人们方能在实现理想的过程中自觉地增强责任感和使命感，做到遵章守纪，对工作兢兢业业、踏踏实实。事业心、责任感是体育经营管理人才为事业奋斗的重要思想基础，是各级别体育经营管理人员必须具备的基本素质。

4. 决策能力

一是要具有科学决策的能力，即体育经营管理人才要能利用现代技术知识及方法，特别是决策的理论和方法进行决策，并采用科学合理的决策程序。在市场经济条件下，提高体育经营管理人才的科学决策能力显得尤为重要。体育经营管理人才要具有遵循科学决策程序的意识，善于运用团队的、专家的智慧，处理好科学决策与经验决策的关系。二是有依法决策的能力。在市场经济体制下，体育产业经营活动受到各种政策法规的限制和约束。体育经营管理人才必须具备自觉遵循法律的意识，为制定正确合法的决策提供保障。

（三）培养途径

体育经营管理人才的培养途径应根据人才需求的多样性培养不同层次的人才。在学制设计上，主要采取学分制与学时制相结合的方式。目前主要依靠考试制度来评价体育经营管理人才。特别值得关注的是弹性学分制的应用，它是当前人才培养的关键议题之一。这种学分制需要与选修制、导师制相协调，通过绩点制等手段进行量化管理，并结合奖励、资助及审核制度以确保其有效实施，从而优化体育经营管理人才的培养过程。

1.弹性学分制的主要教学管理模式

弹性学分制是一种创新的教学管理模式，旨在提供更灵活的学习途径和更多的学术自主权给学生。其主要教学管理模式有以下六种。

（1）留科制——取消原留级制，改为留科制，考试未合格的课程允许学生补考。

（2）补考制——学分制教学管理中一般没有补考，只有重修，所以允许必修课考核不及格的学生有多次补考机会。

（3）重修制——同一门课程因补考不及格，可以重修或多次重修，记载最高一次重修成绩，从而获得学分。

（4）学分互认制——学校可以和层次相同、专业相近的院校建立学分互认制。

（5）免修、免听制——经个人申请，学校教务处批准少数优秀学生免修或免听某些课程，直接参加课程统一考核，取得该课程学分。

（6）弹性学制——允许学生提前修满学分后，选学第二专业或复习功课以参加本科对口考试。

2.弹性学分制的学制管理模式

弹性学分制是一种灵活的教育管理模式，旨在适应不同学生的学习需求和节奏，允许学生根据个人的学习能力、兴趣和职业规划自主选择课程和控制学习进度。在这种制度下，学生可以在规定的最低和最高学分范围内自由选课，有的学生可能会选择加快学习进度，提前完成学业；而有的学生则可能根据自己的实际情况，适当延长学习时间，以便更深入地研究某些课程或领域。

在体育经营管理人才的培养上，采用弹性学分制的学制管理模式具有显著的优势。这种模式能够为学生提供更为广泛的学习选择和个性化的职业发展路径。例如，学生可以根据自己对体育市场营销、体育赛事管理、体育设施运营等不同领域的兴趣和职业规划，选择相应的课程进行深入学习。此外，弹性学分制还鼓励学生参与实践活动和实习项目，通过实际操作来加深对所学知识的理解和应用能力，这对培养体育经营管理领域的专业人才尤为重要。

四、体育经纪人人才培养

体育经纪人的职业是随着体育产业市场化的普及而兴起的，如今已成为市场经济不可或缺的重要组成部分。体育经纪人在体育产业和经济领域的重要性在逐步增强，其在体育领域中的作用逐渐凸显。

（一）培养目标

同其他领域的经纪人类似，体育经纪人通常要具备双重背景：体育背景和经济管理背景。这种双重背景给体育经纪人的培养模式做了一个定位，即只有在这两种背景的基础上互动，方能培养出合格的体育经纪人。

我国体育经纪人的培养目标应该定位于：培养从事体育赛事、体育组织的品牌包装、经营策划、无形资产开发以及运动员的转会、参赛等中介活动的专门人才。具体而言，包括从事以下活动的体育经纪人：①策划与推广体育赛事；②协助体育组织从事市场开发以及处理日常事务；③代理运动员转会；④代理运动员表演或参赛；⑤代理运动员无形资产的经营；⑥代理运动员的日常事务；⑦代理运动员投资；⑧包装和代理运动队；⑨代理体育行业之外的公司介入体育事务。

（二）培养内容

1. 思想道德素质

作为一名体育经纪人，拥有高尚的个人品质和坚定的思想道德是吸引客户的关键。这方面的素质主要涵盖了政治素养（包括理想、信念、民主意识、法治意识等）、思想素质（涉及世界观、人生观、价值观）

和道德观。在特定环境和条件下，思想道德素质的重要性甚至可能超过科学文化素质。

2. 心理素质

良好的心理素质对于体育经纪人来说至关重要。在多变的体育经纪活动中，保持坚韧、自信、积极的心态是成功的关键。体育经纪人需要具备信心、决心、雄心，拥有良好的心境和宽阔的胸怀。无论处于何种环境，他们都应该学会控制情绪，保持乐观，不畏惧失败，并始终积极、热情。

3. 职业道德

体育经纪人的职业道德可以概括为公平、公正、诚实、守信。诚实守信是基本要求，意味着在经纪过程中应保持诚实、不夸大事实、不欺诈，能够推动交易的进行，同时坚持正直和遵守法律，不偏私。

4. 拥有相关的体育专业知识

作为一名体育经纪人，既要有专业的体育基本理论知识，又要懂得一些专门领域的知识，甚至还要了解一些项目的运动规律。

5. 了解市场营销、经济、法律等方面的知识

体育经纪人必须深入了解市场经济基本理论，如商品贸易、市场营销、投资和融资。此外，还要对国家法律法规、体育及产业政策相当熟悉，尤其是法律体系方面的知识，如合同谈判和仲裁。

6. 出色的谈判能力

谈判是体育经纪活动中不可或缺的环节。体育经纪人须掌握有效的谈判技巧和规则，以确保在谈判中保持主导地位，并达成双方都满意的结果。他们还需要具备出色的文案能力，确保业务文件主题明确、结构清晰，同时言辞要精准、得体。

7. 语言表达能力和社交能力

在体育行业日益国际化的背景下，体育经纪人需要强大的语言表达能力和社交能力。外语水平尤其重要，特别是在口头交流方面。他们应

善于与不同背景的人建立联系，构建广泛的信息网络，为未来的活动奠定社会基础。在谈判过程中，他们应具备优秀的口头表达能力，创造友好的氛围，追求双方的共赢。

第三节 铸造品牌与核心价值

英国学者克莱纳和迪尔洛夫在《品牌：如何打造品牌的学问》一书中写道："品牌在我们的现实生活中无处不在。几乎任何事物都能被赋予品牌——无论是一篮子鸡蛋还是整个国家。品牌是拥有感情的，它们能够抓住整个世界的心和思想，并激发出无比的忠诚和情感。品牌也是一种强有力的武器，它能够彻底改变顾客行为，并支配整个世界格局。"且不论这一说法是否过于夸张，但品牌在市场中的重要性是不容置疑的。当你做成品牌后，再看市场，似乎就不那么复杂与陷阱重重了。

体育产业的核心也在于品牌建设。国际赛事如奥运会、世界杯，商业比赛如田径黄金联赛、羽毛球公开赛等，国内赛事包括 NBA、意甲、英超，以及耐克、阿迪达斯等体育用品品牌，它们的影响力在很大程度上依赖于其品牌形象。即使是知名运动员也成了全球性的品牌代表。品牌在市场竞争中的显著优势是不可忽视的。尽管体育营销为许多品牌带来了显著的经济和声誉收益，但成功案例背后也隐藏着许多失败的教训。企业在体育营销中的投资通常庞大，但其带来的具体效益往往难以准确预测。这种不确定性成为许多企业进入体育营销领域的一个顾虑。

什么是品牌？就一般意义而言，品牌就是有关产品的商标。有专家认为，品牌可以从狭义和广义两个角度来理解。从狭义上讲，就是指产品的品名、商号或商标，即印刻在商品或包装上的，用以区别于其他同

第三章 体育产业发展的思路

类产业的标志、符号等。一切体育产品的商业标记、体育活动（包括场所）或比赛的冠名等，都属于体育产品品牌的范畴。从广义上讲，商标只是品牌的一部分，包括品牌的标志和名称。品牌不仅仅是一个便于区分的、有利于消费者识别的名称或符号，更是一种综合特征，一种企业的无形资产，需要赋予其形象、个性和生命力，如"NBA""意甲联赛"等。也就是说，商标只是一个法律概念，而品牌则是一个市场概念；商标掌握在企业手中，而品牌却在消费者心中，两者既有联系又有区别。

品牌是一个名字，但又是富含商品个性、品质、服务、形象与承诺的名字。品牌既是消费者心目中企业品质的代表，又是使经营者得到丰富回报的信誉保证，同时还是一种无形资产，是企业发展的财富。品牌是现代企业营销的强音，成为企业发展壮大、增强市场竞争力的重要途径。国外著名营销学专家曾强调："在当今以消费者为主导的激烈的市场竞争中，消费者购买的是商品，但选择的则是品牌。"其原因在于，人们追求高质量的产品，是追求产品更高的使用价值，而要产出高质量的产品，必然需要花费更多的社会必要劳动时间。好的产品一般都有着相对较高的价格，而劣质产品即使价格再低也可能无人问津，体育产品也不例外。

品牌的价值不仅仅体现在经济层面，如成本、质量、稀缺性、渠道和服务价值，还涵盖了消费者对品牌的情感认同，如情感价值、认同价值、联想价值、时尚和个性价值、亲和力、文化及身份价值等非经济因素。这些因素共同影响消费者的购买决策。品牌个性是品牌生存和发展的关键。一个品牌要有独特的文化和内涵，只有这样才能在众多竞争者中脱颖而出，并赢得消费者的情感认同和忠诚。广告界的大卫·奥格威曾指出，品牌的总体性格，而非产品间的微小差异，才是决定品牌市场地位的决定因素。在现代经济中，品牌成了市场竞争中胜出的关键因素。21世纪的经济格局不仅由科技实力决定，品牌影响力也是国家经济地位的重要标志。品牌竞争的本质要求企业专注于品牌策划和形象塑造，以品牌经营为核心，增强企业的竞争力。体育产品要在市场竞争中站稳脚跟，必须建立强大的品牌影响力。没有强劲的品牌支撑，企业将难以在竞争中生存。

　　品牌在体育市场中的重要性体现在以下几个方面。首先，品牌作为企业和消费者间的隐性契约，提供了质量保证，提高了消费者的信任度（如NBA和CBA的知名度）。其次，品牌是消费者作出购买决策的重要依据，品牌忠诚度高的消费者会因为对品牌的认同而信赖其产品（如奥运会的吸引力）。再次，品牌能有效避免简单的价格竞争，因为其附加值使得消费者愿意为品牌产品支付更高的价格。最后，品牌也是实现企业利润最大化的重要保障（如美国四大体育联盟的商业运作）。它有助于产品销售并树立企业形象。品牌的核心价值是区分不同品牌的关键特征，是所有品牌资产的根基。品牌的核心要素包括高质量和优质服务、市场占有率、企业形象、文化含量、技术和管理水平以及由此带来的高效益。建立和维护一个品牌是一项艰巨的任务。品牌一旦建立，不能自满，必须持续努力维护其优势。走品牌化、名牌化、精品化之路，才是实现可持续发展的关键。

　　核心竞争力，有时也被称为核心能力或独特优势，代表了企业在特定领域拥有的独特、不可复制的能力和资源，这些能力和资源使企业能够在市场上脱颖而出，保持竞争优势，并实现持续的超额利润。核心竞争力直接影响了企业主导产品或服务在市场中的地位和竞争力，对于建立和巩固品牌的市场地位至关重要，是产品或服务价值的核心体现。因此，增强核心竞争力对于企业来说至关重要，它有助于打造并扩展品牌。尽管不同的品牌企业可能采用不同的战略，但它们都追求一个共同的目标，那就是强化自身的核心竞争力，提升产品或服务品牌的市场竞争力，从而在市场中树立有影响力的品牌形象，实现卓越发展。构成企业核心竞争力的要素包括研发能力、创新能力、适应能力、组织协调能力、企业声誉以及市场份额等。建立核心竞争力需要从多个方面入手，包括充分发挥人力资源的潜力、发展技术体系、建立高效的管理体系、优化信息系统以及树立积极的企业文化。一旦企业形成了自身的核心竞争力，它将具备难以被替代或模仿的独特性。因为核心竞争力是企业在长期经营中逐渐积累的一系列运营模式、管理经验、员工素质、行为准则、价值观念、能力和理念等因素的综合体现。这种独特性，使得具备核心竞争力的企业能够在市场竞争中占据有利地位，难以被竞争对手轻易超越或模仿。从这一意义上讲，体育企业要养成核心竞争力，在生产体育产品和造就品牌时，就应当认真考虑分析其产品是否具有异质性、无可替代性和排他性。只有突出自己的个性与特色而不是盲目效仿，企业的品牌才会具有生命力。

企业要想在行业中保持较高的投资回报率和超越平均水平，必须建立并保持其核心竞争力。这种竞争优势可以帮助企业保持领先地位，增强其在多方面竞争中的优势，并确保企业在长期竞争中占据主动地位。通过专注于培养核心竞争力，企业能够将有限的战略资源更有效地分配到对其长期生存和发展最有利的领域。此外，培养核心竞争力还为企业在市场竞争中获得主动权和进行多元化经营提供了新的视角和思路。

体育产品品牌的形成与核心竞争力的建构，需要从五方面入手。第一，要把资源集中于关键领域。在当前，我国体育产品品牌开发不能求多，要做到"有所为有所不为"，把现有的资金与人力投入最具特色和吸引力的项目，实施重点开发。第二，要注重无形资产的积累。当今能在市场上站稳脚跟的，多是无形资产能保值并不断增值的企业，而无形资产与企业产品品牌紧密相连。注重产品质量和品牌形象，将其产品努力培育成为知名品牌，形成"认牌消费"的群体。第三，加强品牌维系。不能像部分竞技运动俱乐部那样，朝令夕改，而应日积月累、用心呵护，使品牌保持长盛不衰。第四，利用品牌创造竞争优势。正确认识品牌的经济价值，并将铸造体育产业精品的意识付诸行动。第五，质量是品牌的基础。产品质量直接影响品牌形象，高质量的品牌是企业取得经济效益的保证。因此，企业必须了解体育消费者的现实和潜在需求，分析他们的心理、行为与消费习惯，研究他们的兴趣、爱好以及消费需求变化，据此不断完善服务系统，推出能使大众获得最大身心满足的体育产品。

品牌的核心价值是品牌最中心、最独特的要素，是品牌的精神象征，与目标消费者产生共鸣。核心价值是品牌的最终目标，也是将普通品牌提升为强势品牌的关键因素，对品牌延伸起着重要作用。品牌是否拥有核心价值，直接关系到品牌经营的成功与否。对于中国体育产品品牌而言，要实现从地区到国际、从一般品牌到一流品牌、从弱势品牌到强势品牌的升级，打造独具特色的核心价值至关重要。这需要品牌进行精准的定位、构建、传播和维护。核心价值不仅是品牌的灵魂，也是品牌建设的驱动力。只有通过明确定位，精心打造独特的核心价值，并通过有效的宣传手段传达给目标受众，才能使品牌脱颖而出，走向超级品牌的道路。在竞争激烈的市场中，拥有独特核心价值的品牌更容易吸引消费者的关注和忠诚度。因此，中国体育产品品牌需要认真对待核心价值的塑造与传播，这将有助于提高品牌的竞争力，实现品牌的长期发展和持续成功。

第四章　休闲体育产业的发展

第一节　休闲体育产业简述

一、休闲体育产业的概念与体系构建

（一）休闲体育产业的概念及含义

休闲体育产业，作为休闲产业结构的重要组成部分，专注于提供设施、用品和服务以满足人们对休闲体育的消费需求。这个产业的本质是以满足人们的休闲体育需求为核心目标。休闲体育产业的内涵可以从以下几个方面来理解。第一，休闲体育产业的主要产品分为两大类：休闲体育服务和休闲体育用品。这些产品直接针对休闲体育消费者的需求而设计和提供。第二，休闲体育产业通过提供这些专门的休闲体育产品，满足消费者对休闲体育的消费需求。这表明休闲体育产业所提供的产品具有针对性和指向性。第三，人们通过支付一定费用来购买休闲体育产品，以此来满足自己的休闲体育需求。这种购买行为构成了休闲体育消费的过程。第四，不同于其他类型的体育方式，休闲体育产品在其生产和提供方面具有独特属性。体育活动本身就是这类产品的基本形式和手段。

（二）休闲体育产业体系构建

休闲体育产业是休闲产业中的一个非常重要的组成部门，它主要包括休闲体育服务产业和休闲体育用品产业（如图4-1所示）。

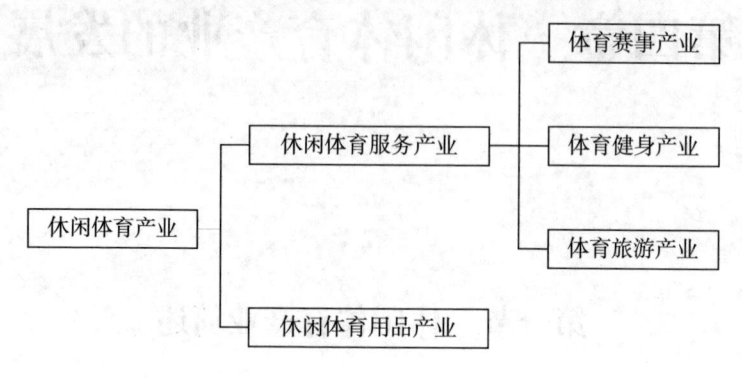

图4-1 休闲体育产业体系

二、休闲体育的分类与功能

休闲体育是指人们在空余时间进行的、以身心愉悦为主要目的的体育活动。这类活动旨在通过体育锻炼增进个人的健康，预防疾病，丰富学习和生活经验，并促进个人自我完善。休闲体育活动对于提高个人健康水平、防止疾病的发生、丰富人们的学习和生活内容以及建立和谐的人际关系均具有重要作用。其主要特点包括自由性、娱乐性、非功利性和自主性，强调个人选择和兴趣的自由发挥。

（一）休闲体育的分类

休闲体育活动可以根据其目的和动机划分为几个主要类别，这些类别在促进人们健身方面发挥着重要作用。具体来说，休闲体育可分为竞赛型体育（如篮球、游泳、骑自行车）、休闲型体育（如象棋、钓鱼）、健身型体育（特别适合中老年人，如太极拳、八段锦）、观赏表演型体育（如健美操、交谊舞）以及扩展型体育（如攀岩、漂流）等类别。

（二）休闲体育的功能

1. 增进身心健康功能

休闲体育在促进身心健康方面扮演着极其重要的角色。科学研究已经证实，体育锻炼不仅能增强体质，还能有效预防各种疾病，并且对改善身体素质有显著作用。在现代科技迅速发展的背景下，人类的劳动强度得到了明显的缓解。无论是在职场还是在日常家务中，对体力劳动的需求已经大幅减少。然而，这种生活方式的转变也带来了生活质量的变化，尤其是对健康产生了一定影响。

目前，社会上有些人处于所谓的亚健康状态，这种状态通常表现为营养过剩、缺乏运动、工作压力过大等，间接导致了心血管疾病、肥胖症等现代文明病的产生，严重威胁人们的身心健康。面对这些问题，人们逐渐意识到其严重性，并开始重视体育锻炼。他们利用休闲时间参与各类休闲体育活动，以此来弥补或消除由不良生活习惯带来的健康问题。休闲体育活动因其多样性，能够满足不同人群的需求，成为一种极其积极、有益且令人愉悦的运动方式，起到了增强体质和预防疾病的作用。通过参与这些活动，人们不仅能够改善自己的身体健康，还能在精神上获得放松和愉悦，全方位地提高生活质量。

2. 愉悦身心的娱乐功能

休闲体育作为一种自愿参与的闲暇活动，为人们提供了一种有效的身心放松方式。在现代社会，人们面临着日益增加的工作压力，如果无法及时释放这些压力，可能会导致严重的后果。通过参与各种体育活动，人们不仅能够获得娱乐和乐趣，还能够改善自我控制能力，并从中获得身心的愉悦和满足。休闲体育的重要性不仅在于它的娱乐功能，还在于它能够帮助人们更好地应对日常生活中的压力，享受体育运动带来的欢乐，从而提高生活质量。

3. 提供丰富的内容方式

休闲体育活动为人们的日常生活增添了丰富多彩的元素，成为其生活中不可或缺的一部分。随着我国全民健身计划的深入实施，越来越多的城乡居民开始提高自身的体育健身意识，并将体育锻炼融入日常生活中。休闲体育不仅提升了参与者的精神状态，还丰富了他们的生活内容和方式。这种多样化的生活方式对提高人们的整体生活质量具有显著作用，并对促进社会的和谐发展起到了积极的推动作用。通过参与休闲体育活动，人们不仅能够保持健康，还能够在精神文化层面获得更大的满足。

三、休闲体育产业的发展条件

（一）现代消费价值观的建立

从需求层次理论看，马斯洛将人的需要分为生理需求、社会需求、安全需求、尊重需求和自我实现需求五个不同的层次。对于这五个层次来说，彼此之间是有级别划分的。对于很多人，特别是比较理性的人来说，只有在满足了衣食住行等基本需求之后，才会增加在娱乐、休闲等精神享受方面的需求。在休闲消费过程中，人们需要投入一定的时间和财力。此时，如果要大量地生产物质产品，尤其是生活必需品，那么势必会造成供大于求的现象。对于人的精神需求，可以从两个方面理解：一是人实现自身自由价值的需要；二是根据当前的社会关系，等级化、结构化的精神产品需要。这两个方面的消费促使人们在社会中的地位不断提高，也促使人们加强自我价值的实现，可以说，通过进行以上两个方面的消费，人们会产生一种消费品位或消费档次提高的意识。在最初阶段，人们追求奢侈品消费，将其当作提高自身社会地位和品位的手段。随着时间的推移，人们对奢侈品习以为常后，就会将其作为生活中的一种必需品，纳入休闲消费品的范围之中。人们追求奢侈品不是为了使自身的基本生理需求得到满足，而是为了更好地突出自身的价值。

当今社会人们的消费观念已经上升为一种价值观或价值哲学。人们遵循这种价值观所产生的结果就是对休闲体育消费品的需求大大增加。因此，根据等级和类别，休闲体育消费品和商业性服务之间存在不同的分工，在按等级分类的商业服务中，还有一些体育消费娱乐商品的品牌分类。品牌和不同层次的消费品面向的是不同层次的人。

（二）个体自由本质实现的需要

人的主体性有积极主体性和消极主体性之分。积极主体性主要表现在创造性、积极性和主观能动性方面。在公平、安全、信仰、舒适、尊严、善恶、自由、个性等方面应该体现出积极主体性。由于人的生存和发展不可避免地会产生生产和消费行为，因此人的积极主体性需求是生产需求的主要体现。事实上，消费需求也是消极主体需求的本质。通过消费这一行为，人们既能够使自身的基本生存得到满足，又能实现自由这一重要属性。因此，实现自由是人们幸福的前提条件。

在现实生活中，享受绝对幸福和自由是无法实现的，这就迫使人们将这一期望寄托在体育和艺术上。人们通过参与休闲活动获得自由，其中体育活动和艺术活动是主要的参与形式。就体育来讲，其形式是丰富多彩的，既包含了奥运会比赛中的正式比赛项目，也包含了很多民间体育活动。

（三）市场经济体制是前提条件

休闲活动的生产和发展是休闲体育产业发展的基本阶段，符合现代市场经济发展的逻辑。与一般产业的其他部门类似，休闲运动产品提供商也将追求利润作为最终目标。休闲体育产品的生产基于休闲体育服务的分工。休闲体育产品的生产不仅推动了休闲仓的服务深化，还为休闲体育经济的发展提供了必要的支持和指导。

只有在市场经济体制下，休闲体育产业才能真正体现出产业特点，促使资本得以持续不断地增值。休闲体育经济和相关生产的发展同样需要不断增值资本。休闲体育资本的附加值主要表现为在更广泛的休闲体育领域寻求投资机会和融资，以获得更大的价值。从某种意义上说，休闲体育资本是一个非常大的户外休闲体育系统。从某种角度来说，休闲体育是实现休闲体育经济结构转变的动力。

(四)休闲时间充裕与收入的增加

休闲是指除了物质生产过程以外的活动，休闲时间的多少取决于社会生产力发展的程度。在社会发展的不同时期，社会生产力的发展水平在很大程度上决定了休闲时间的具体差异。在进入资本主义社会以前，为了更好地维持生存和社会发展，需要投入更多的时间和人力，人们要利用所有时间进行采集、狩猎、耕作，以满足生存所需。人们几乎没有多余的时间享受休闲的生活方式，休闲消费更是少之又少，仅有当时的帝王将相和皇室贵族才会有多余的时间来享受休闲生活。

进入工业社会之后，由于蒸汽机等动力机械的投入使用，社会劳动生产率得到了巨大提高，人们的生活必需品变得丰富和多样，此时人们不再需要为了提高劳动生产而耗费大量的时间，能够空出一些时间参与休闲活动。但是，由于资本正处于原始积累阶段，人们每天都需要投入十几个小时来工作，因此人们的闲暇时间并不多，阻碍了休闲消费的发展。

随着现代社会生产力水平的不断提高，人民的生活水平也在不断提高，人们的收入稳步增长。产业结构和产品结构得到更好的优化，并提供给人们多样性的物质产品和精神文化产品，这对休闲消费的发展起到了重要作用。这表明促进休闲消费发展的主要原因是收入的增长、竞技水平的提高与生产力水平的提高。休闲体育作为休闲的一种方式，在大量休闲消费产生的过程中取得了更好的发展。

第二节 休闲体育产业发展中的经营及实践

一、休闲体育产业经营的可行性分析

休闲体育产业的经营主要依靠企业来进行，因此我们在研究休闲体育产业的时候主要以休闲体育企业为研究对象。休闲体育企业经营成功与否，取决于相互关联的诸多因素，如果其中的某些主要因素不具备或不完全具备，而且通过努力也不能达到预期的理想水平，那么这个休闲体育企业或酒店的休闲体育中心就不可能取得良好的、预期的经济效益。休闲体育经营的可行性分析，就是要全面系统、科学合理地准确分析制约休闲体育企业或酒店休闲体育中心经营的各种主要因素，扬长避短，发挥优势，以提高投资决策的水平和投资成功的可能性。

（一）休闲体育经营可行性分析概述

要对现代休闲体育企业经营的可行性进行分析，首先必须掌握可行性分析的基本含义、基本原理，明确休闲体育经营可行性分析的目的和主要内容，只有这样，才能使可行性分析有的放矢，达到预期的目的。

1. 可行性分析的含义

可行性分析是关于市场、资金和业务方面的全部分析。可行性研究是对是否值得投资建造一家休闲体育企业或在酒店中所要设立的休闲体育项目作出决定。也可以说，可行性分析就是对投资成功的前景做定量分析。任何投资者在选择一个方案前，都需要有足够的证据来证明这个方案确实可行并能很快收回投资。

由此可见，可行性分析也就是对大量的相关信息和数据资料，运用科学的定性分析和定量分析方法来推断待选方案的可行性。

2. 休闲体育经营可行性分析的目的

（1）确定目标市场。

（2）选择经济可行的地点。

（3）确定休闲体育企业的类型。

（4）确定休闲体育经营项目。

（5）估算休闲体育经营销售收入。

（6）选择开业的日期和时间。

3. 休闲体育经营可行性分析的主要内容

（1）该地区的经济因素。

（2）该地区的休闲体育市场竞争分析。

（3）拟建设施与项目。

（4）销售收入预测。

（5）地点位置。

（6）交通情况。

（7）地点的明显度。

（8）法律法规制度情况。

（9）公用设施情况。

4. 休闲体育经营可行性分析的必要性

（1）科学、准确的可行性分析，是休闲体育企业或酒店休闲体育中心经营成功的前提条件。如果忽视可行性分析，或者不能科学地、实事求是地进行可行性分析，那么将导致休闲体育企业或酒店中的休闲体育中心经营的失败。

（2）可行性分析有助于确定经营方式。如设置哪些服务项目，采用何种服务形式来确定价格标准和经营规模。

（3）可行性分析有助于资金的筹措。可行性分析能够表明企业的利润水平和偿债能力，较高的利润率和偿债能力有利于增强资金筹措能力。

也许有人会说，有些经营得非常成功的休闲体育企业似乎开始时并未进行必要的可行性分析。有些颇有胆识的人似乎只凭自己的直觉，便断然决定在某地投资建立一家休闲体育企业，而且其经营也是比较成功的。但是，我们可以肯定，尽管这位智慧的投资者没有写出正式的可行性报告，他所依赖的也绝不仅仅是他的直觉。一般来说，在他下决心之前，总要对形势做一番估计，也就是说，他必然要凭借自己的知识和经验，主观地非正式地对各种相关因素进行分析，对投资成功的可能性作出估计。

事实证明，凡是没有经过可行性分析便开始经营企业的，其失败的概率是相当高的。失败表现在或者经营不善，或者投资过大，给经营造成很大压力。所以，除非你想用冒险来测试自己的才能，或者有足够的财富来满足你奢侈的嗜好，否则就必须进行可行性分析。

（二）休闲体育经营市场的调研及实践

为保证休闲体育企业经营可行性分析的准确性，需要做大量的基础工作，首先要进行的就是市场调研。

市场调研应先从该地区经济水平着手，其目的是掌握这一地区的消费水平和消费特点，以确定本企业的经营项目与档次。如果这个地区的收入水平普遍较低，而计划中的休闲体育项目豪华、消费价格昂贵，那么该企业经营成功的可能性就十分渺茫；如果该地区的居民以青少年为主，那么在那里规划适合中老年人的休闲体育项目就不是明智之举。因此，休闲体育企业选择什么样的项目、配备什么样的设施，必须从当地的市场情况出发，以市场为中心作出正确抉择。

1.宏观市场调研

宏观市场调研就是对某一地区某一阶段整体经济文化水平、发展趋势以及人口构成特点等问题进行的调研。在宏观市场调研中必须掌握如下内容。

（1）必须确认这一地区的经济形势是否繁荣稳定，是否有发展前景。

（2）必须明确这一地区的文化传统、文化层次和文化氛围。

（3）必须明确这一地区的人们是否有可靠的收入来源。经济稳定的地区有广阔的经济基础，而不是仅仅依靠个别大企业。同时应该了解这一地区的工资水平，有关资料可以从当地政府组织、银行、新闻单位或报纸上获得。

（4）必须明确这一地区人们的收入分配情况，也就是要准确测算这一地区的恩格尔系数。

（5）必须确认该地区是否为政治经济或文化中心。

（6）必须确认该地区综合经济、旅游资源情况，看其是否能吸引外商。

（7）必须了解这一地区的人口统计情况。家庭数、青年、成人、老年人数及其比例等数据对于决定企业的主要服务对象极其重要。

（8）了解当地政府、企事业单位、民间宗教团体情况，如果想接待大批量的客人，这一点就尤为重要。

（9）必须考虑和顾及占有当地人口大多数的民族或少数民族的生活习惯和爱好，以设计能吸引大批客人的休闲体育项目、设施及配套服务等。

2. 休闲体育经营市场调研的主要内容

（1）休闲体育消费主体状况。休闲体育经营目标的确定取决于休闲体育项目消费主体状况的调查结果。由于休闲体育的消费者来自不同的国家、地区，其职业、性别、年龄及目的都不相同，为了制定出切实可行的企业经营目标，无论是独立的休闲体育企业，还是酒店休闲体育中心，都有必要对休闲体育的消费主体状况进行全面、系统的调查。其主要内容包括如下几个方面。

第一，休闲体育消费主体的消费期望，即消费主体希望建立什么样的休闲体育企业或酒店中应该设立什么样的休闲体育中心、休闲体育企业或酒店休闲体育中心的环境如何、休闲体育企业或酒店休闲体育中心的服务类型、休闲体育企业或酒店休闲体育中心的服务方式。

第二，休闲体育企业或酒店休闲体育中心的休闲体育项目，即以健身为主，还是以娱乐为主；以大型设施为主，还是以中小型设施为主；以室内设施为主，还是以室外设施为主；以水上项目为主，还是以陆地项目为主。

第三，休闲体育项目的营业时间，即消费者最佳消费时间（一天中的高峰期）以及一年中的淡季和旺季等。这关系到销售收入估算和休闲体育设施的开放时间、开放前清洁卫生等准备工作的安排。

第四，休闲体育消费主体希望建立的休闲体育企业或酒店休闲体育中心的类型，即是单一、专业性的，还是多项的、综合性的；是大运动量的，还是中小运动量的。

第五，休闲体育消费主体期望的价格高低，关系到休闲体育项目的选择、休闲体育设施的档次及休闲体育设置的成本投入。

第六，休闲体育消费主体偏爱的室内装潢和室外环境。

第七，女人对于休闲体育的偏爱，包括对服务方式的偏爱、对休闲体育项目的偏爱、对休闲体育设施的偏爱。

第八，男人对于休闲体育的偏爱，包括对服务方式的偏爱、对休闲体育项目的偏爱、对休闲体育设施的偏爱。

第九，休闲体育消费主体的具体情况，包括年龄情况、生活水平、生活情趣、生活基调。

第十，休闲体育消费主体对其他方面的要求，如希望配备什么档次的服务项目和服务设施、配备什么样的背景。

（2）休闲体育经营目标市场的调研。每个消费个体或不同层次的消费群体，都有各自需求的侧重点，需求表现千差万别。任何休闲体育企业或酒店休闲体育中心，都不可能满足整个休闲体育市场的需求，必须划分现有市场和挖掘潜在市场，寻求适合自己经营的目标市场。

在调查掌握了休闲体育消费主体的基本状况以后，就可以根据不同消费者的特征对相应的休闲体育消费市场进行划分，划分的依据有以下几种：

一是地理特征。如国家、政治区域、人口密度、相隔距离、气候条件等。

二是人文特征。如性别、年龄、婚姻状况、家庭大小、收入、教育程度、职业、民族血统和风俗习惯。

三是心理特征。如个性、观念、生活方式、意见、态度、兴趣等。

四是消费特征。如经济型、享受型等。

将市场细分后，休闲体育企业或酒店休闲体育中心就要实事求是地分析自己能从各个细分市场获取多少利润，分析各细分市场需求的变化趋势、竞争情况及本企业或中心的实力，以决定取舍，选择最有利的经营目标市场。

（3）休闲体育经营潜在市场的调研。休闲体育的范围和档次，是随着社会经济的发展而不断拓展和提高的。经济越发展，社会越进步，人们的业余时间越多，人们对休闲体育经营项目的需求也就越来越多，对休闲体育设施和服务水准的要求也会愈来愈高。因此，为了在日益激烈的休闲体育竞争市场中立于不败之地，就必须不断开拓新的服务项目，提高服务档次，以不断满足人们日益提高的多层次的休闲体育需求。

为了有计划、有步骤地开发新的休闲体育项目，扩大休闲体育经营领域和服务范围，就有必要对该地区的休闲体育经营潜在市场进行详细调研和预测，以便对在该地区投资休闲体育经营的前景作出明确的估计。

一般来说，休闲体育经营潜在市场的调研，至少应包含如下几个因素。

第一，该地区经济发展规模、速度及发展潜力。如果该地区经济发展规模大、速度快、发展潜力大，那就意味着该地区的经济活动日益活跃，经贸商务活动越来越频繁，外来经商、洽谈、投资的人越来越多。这就必然导致对休闲体育项目的需求增加，对休闲体育设施档次和服务水准要求也会随之提高。这就预示着休闲体育经营在该地区具有广阔的前景。反之，如果该地区经济发展规模和速度都不是很快，而且发展后劲不足，那就表明在该地区投资休闲体育经营的前景不容乐观，在相当长的一段时期内，只能维持现状运行。

第二，该地区人们收入水平提高速度。如果该地区人们的实际收入水平提高很快，那就意味着人们将会有越来越多的余钱用于满足衣、食、住、行以外的，用于提高身体素质、保持身心健康的休闲体育消费。反之，如果该地区人们的实际收入水平提高缓慢，或者名义收入有所增长，而实际收入却没有较大增长或增长相当缓慢，那就说明该地区人们只能勉强维持现有的消费水平，除了满足衣、食、住、行等日常必需消费外，几乎没有多余的钱用于休闲体育消费。

第三，该地区整体文化层次和生活质量提高速度。人们实际收入的增长，只意味着人们手头的余钱越来越多，这笔钱的投向则取决于该地区人们的整体文化层次和人们对生活质量的追求。如果该地区的人们仅仅对衣、食、住、行等物质需求情有独钟，人们都热衷于将金钱投向这些方向，那么就意味着该地区的人们并不会迅速增加休闲体育消费支出，休闲体育的潜在市场就不是很大。而如果该地区人们整体文化层次较高，人们的生活追求不仅仅停留在衣、食、住、行等物质方面，对文化、娱乐、保健、健身、美容等精神享受有较强烈的需求，那么人们就会将剩余的钱主要用于休闲体育消费，休闲体育市场也就会随之活跃起来。

第四，该地区人口结构的变化。不同性质的休闲体育项目、不同档次的休闲体育设施、不同水准的休闲体育服务，所对应的消费主体是不一样的。高尔夫球消费者以老年人居多，网球消费者以中青年为主。因此，一个地区的人口结构及其变化，将决定在这一地区经营的休闲体育企业或酒店休闲体育中心对休闲体育项目、设施及服务方式的选择。值得一提的是，人口老龄化趋势必然预示着高尔夫球等适合老年人健身、娱乐项目的经营将具有远大的发展前景。

（三）休闲体育项目筹建费用估算

现代休闲体育企业筹建前进行了选址分析和市场调查之后，大体上可以确定本企业的经营目标和经营项目的几个方案。方案是否可行，只有在进行科学合理的估算后，才能最后作出决策。

1. 费用项目

休闲体育企业筹建的费用项目与其他行业中的费用项目既有相似之处，又有独特之处。估算费用前，必须详细了解和明确各项费用，只有这样才能使估算的结果更科学、更准确、更合理。

费用项目主要有以下几项。

（1）房地产。房地产是休闲体育企业存在的空间依托，包括房屋和土地两种形式。房地产来源有以下几种可能性。

一是租用房地产。这是在合同形式下，由休闲体育企业与房地产经营单位或房地产主人商谈在规定的时间、租金以及其他条件下使用的房地产。这种形式一次性投资少，投资回收期也短，但在设计休闲体育环境时可能受到建筑结构的限制。

二是购买房地产。休闲体育企业购买已经建成或正在建设的房地产，其一次性投资大，但相对于自建房地产筹建时间短，见效快，也可根据自行需要设计结构。

三是购买土地，自建房地产。这种形式投资相对较少，拥有房地产，建筑结构可根据自己需要自行设计，但投资时间较长。

无论是何种来源形式的房地产，在费用估算时都要进行合理的估算，为最后确定方案提供依据。

（2）装饰费用。装饰费用包括装饰休闲体育企业空间表面的费用和隔断空间费用，包括墙壁、地面、门面、草坪、灯饰、劳务费等。它与房地产费用是任何休闲体育企业都要考虑的基本费用。

（3）设施费用。这是休闲体育企业根据自己企业经营项目特点选用所需要的设备和设施的费用，包括供热、通风设备、公共区域设备、客用设备、员工用设备等。

（4）家具。家具是相对于设备设施投资少、使用时间短的休闲体育企业用品，包括桌、床、椅、台等。

（5）器具用品。这是为客人提供服务和员工办公时使用的各种器具和用品，包括餐具、饮用器皿、工作服等。

（6）物料用品。这是在经营过程中的服务消耗用品和办公消耗用品，如纸张、票据、笔墨、计算工具等。

（7）劳动力成本。这是指从筹建到开业前各类工作人员的工资、福利等，包括员工工资、培训费用等。

（8）开办费用。这是指筹办开业的各项费用，包括工商登记、广告宣传、开业庆典等费用。

（9）银行利息。这是指筹建休闲体育企业贷款需要在规定期限内偿还的利息。

2.费用估算的原则

了解了筹建费用项目，就要对其进行科学、合理的估算，估算各项费用要依据一定的原则。

（1）首先应确立各种方案，根据方案有针对性地进行估算。也就是说，在估算各项费用之前，应考虑好建立何种类型、何种风格、何种规模、何种形式、何种档次、有哪些经营项目，然后选出几种方案，再根据各项方案进行估算。

（2）事先调查有关资料，掌握比较准确的费用标准。估算前应了解同类企业、同类项目的实际费用，并了解当前经济发展趋势。

（3）预算基本项目的费用，如房地产、设备、家具、流动资本等各项费用。

（4）预算费用最大原则。以保证投资经费的充足。

3. 费用估算的方法

根据休闲体育企业费用项目及费用估算原则，只有采取科学的估算方法才能准确估算休闲体育筹建费用。

（1）简单估算法。根据同类企业平均每平方米投资额和价格趋势、经营档次等估算。如某企业营业面积为 800 平方米，投资 300 万元，则单位投资额约 4000 元。如果本企业根据营业档次和价格趋势，单位投资额要高于 4000 元，到 4500 元，假如面积为 1500 平方米，则估算投资为：1500×4500=675 万元。

（2）分解计算法。这是将筹建费用分解成各项费用，逐一计算，再加总各项费用的方法。

第一，房地产的估算。房地产的费用不论是租用、购买还是自建都包括土地使用费、房产费和土建工程费用。费用估算可以根据当地同种类型的建筑在每平方米或每立方米所花费用计算得出。很多建筑承包人都保存有逐日的建筑空间中每平方米或每立方米所需费用。也可以大概计算大小相同的建筑物来获得费用估算，因为建筑规模大小是建筑费用的一个重要方面。

第二，装饰费用。装饰费用一般由装修预算人员进行详细预算，但作为休闲体育经营者应事先进行估算。估算方法有三种：一是确定经营档次与风格，估算其他同档次休闲体育企业的装饰费用；二是按每平方米投资额计算；三是分解装饰费用，逐项计算。

第三，设施设备费用。这要根据本企业经营项目所需设施设备档次、数量来计算。如果休闲体育企业设施设备要采用世界一流的，就要了解所需主要设备的价格。如一个保龄球道需要投资 4 万元，本企业欲建 18 个球道，则主要设备投资额为 72 万元。休闲体育企业其他设施设备均可用此方法估算，然后累加在一起。

第四，家具、用品等不必逐项计算，可根据总费用的百分比估算。一般休闲体育企业的家具、用品占总费用估算额的 5%。

第五，劳动成本。可按时间、人数和标准进行计算。如筹建期为三个月，工资分为四个标准，人数共计为50人，最高标准为月工资0.8万元，共1人；第二个标准为月工资0.6万元，共4人；第三个标准为月工资0.5万元，共10人；第四个标准为月工资0.3万元，共35人。则筹建期间工资为：3×（0.8+0.6×4+0.5×10+0.3×35）=56.1万元。

第六，银行利息。应根据银行利率来计算。如果是用自己的钱投资最好也计算出银行利息。

二、休闲体育产业经营的流程设计

（一）休闲体育经营项目的确定

对现代休闲体育企业或酒店休闲体育中心来说，选择和确定休闲体育项目是开展一切工作的基础，只有大体选定经营项目才能有针对性地进行市场调查，做投资可行性分析。只有确定了经营项目，才能做好筹备工作，也才能有针对性地进行广告宣传以及内部的组织设计、制定管理职责和员工岗位责任制。

能否确定好休闲体育项目是投资成功与否的关键。合时宜的符合本地市场需求的休闲体育项目有助于及时收回投资，扩大经营项目，使企业在市场竞争中处于主动地位；反之，一个过时或超前的、不符合本地区本酒店顾客需求的经营项目会造成投资难以收回，给企业经营工作带来困难。

1.确定经营项目的指导原则

现代休闲体育项目种类繁多，市场竞争激烈，确定经营项目既有风险又有难度。所以，确定休闲体育的经营项目要遵循一定的原则，主要有以下几个原则。

（1）满足客人合理要求原则。一是满足基本需求原则。本企业或酒店休闲体育中心选定经营项目要满足客人的身心需求，即所确定项目受到客人欢迎。二是满足层次需求原则。本企业或酒店休闲体育中心选定项目的价格、文化层次要能让本地区或本酒店的客人接受。三是满足综合需求原则。本企业或酒店休闲体育中心选择的项目要同时满足客人多种需求，如水上乐园除满足客人戏水需求外，还要提供适当的餐饮项目来满足顾客的餐饮需求。

（2）追求经营特色原则。休闲体育企业或酒店休闲体育中心确定的项目要在本地区有独特风格，以吸引客人，增强竞争能力。如设立一项或几项独特的休闲体育项目，兼营其他企业已有的项目，显示出本企业或中心的优势和吸引力。

（3）全方位服务原则。休闲体育企业或酒店休闲体育中心在确定基本经营项目的基础上，应增加一些体现服务特色的项目。

（4）发挥本企业或酒店休闲体育中心优势原则。任何企业都有自己的优势，有的体现在规模大上，有的体现在项目多与全上，有的收费低廉，有的服务细致周到，有的利用本地面积优势，有的具有设备现代化优势。休闲体育企业在考虑前两项原则的同时，必须发挥自己的优势，取长补短，不能仅仅追随潮流。

（5）适应社会发展趋势原则。现代休闲体育企业或酒店休闲体育中心在选择一个项目时，要先考虑这个项目是新兴的，还是将要兴起的，或者正在时兴的，然后再决定是否选择。如果是新兴的，经营效果会好，会很快收回投资；如果是将要兴起的，需要一段开拓市场的时间，前景非常广阔，长期利润会很可观；如果是正在时兴的，当你的项目开业时，市场已经饱和，其收回投资会很难。所以，一定要考虑项目的发展趋势。

2. 确定经营项目的方法与程序

确定经营项目应掌握如下基本方法与程序。

（1）在投资可行性分析基础上认真研究本地区和本酒店客人的消费潜力，包括收入水平、消费水平、消费观念、消费时间。

①收入水平，即本地区或本酒店客人的年均或人均收入额。如本地区月人均收入2000元以上，基本生活消费费用为800元。那么，这个地区在收入水平上存在着很大的休闲体育消费潜力。

②消费水平，即本地区或本酒店客人的人均消费额。例如，住在本酒店的客人以华侨为主，他们从国外回国，人均费用每天为1000元，则消费水平每天为1000元。再如，本地区人均消费为400元的就有10万人，那么，本地区具有较高消费水平的潜力就是10万人。

值得一提的是，消费水平与收入水平不一定成正比，有些人收入水平不高，但消费水平很高；有些人收入水平很高，但消费水平不高。这里面有消费观念、消费时间或其他原因。

③消费观念，这是指人们对某个消费项目的看法，即认为在这个项目上花费金钱与时间是否值得。如一些人对高尔夫球、网球、保龄球感兴趣，而另一些人则对戏水、健身等感兴趣。

④消费时间，这是指人们消费某一项目应具备的合理时间。有的人以上三项都具备，但没有时间去消费。现在我国实行双休，为休闲体育消费提供了消费时间，休闲体育经营者要充分把握这一点，开发适宜的休闲体育项目。

总之，确定经营项目的第一步，要从以上四项去分析研究客人的消费潜力。

（2）了解分析本企业的优势。本企业的优势体现在资源优势、资金优势、人力资源优势三个方面。

①资源优势，即本企业具有的硬件优势，如土地面积、水资源、山地资源等。

②资金优势，即本企业拥有足够的资金投资建立某些高档独特的经营项目。如有足够的资金去购买最优越的地理位置，有足够资金去购买最新休闲体育设施设备等。

③人力资源优势，即企业拥有一支智慧型的或能力型的人才，能靠智慧利用企业资源创造最大优势。如有的休闲体育企业在经营管理上运用独到的思维所创造的一些项目，既避免了本企业劣势，又突出了本企业的优势，投资最小，见效最大。

以上三种优势是互相依赖的，但最关键的还是人力资源优势，休闲体育企业应给予充分的重视。

（3）了解客人的需求导向。了解本地区或本酒店的客人对哪些休闲体育项目感兴趣，对各个项目的消费能力有多大。例如，本地区大众对戏水感兴趣，消费能力单项每人次为30元。有部分人则对健身运动感兴趣，每次消费为人均50元。有些少年儿童对电子游戏感兴趣，每次每人消费5～10元。这种消费倾向的了解和消费潜力的测算，对选择和确定休闲体育企业或酒店休闲体育中心的经营项目具有十分重要的作用。与此同时，最好还能掌握每个消费层次占整个地区人数的现有比例和发展比例，以便为经营项目的确定提供更精确的依据。

（4）选定主营项目。根据本企业优势和了解的市场占有率，将市场占有潜力最大的项目确定为主营项目。如以健身项目为主营项目，以休闲项目为主营项目，以娱乐项目为主营项目等。

（二）现代休闲体育企业或酒店休闲体育中心经营实例

休闲体育企业或酒店休闲体育中心应根据本企业或中心的特征及市场确定自己的经营项目。

1. 酒店休闲体育中心可考虑以下项目

酒店休闲体育中心是以完善酒店功能为目的，以本企业客人为主要市场的，其经营项目体现在小而全上，可选以下经营项目。

（1）健身服务项目。提供各种体育活动场地和健身设备、游泳馆、乒乓球场地等。

（2）保健活动项目。进行健美训练，提供体检服务，提供体育活动场地。

（3）美容服务项目。提供头发、指甲、皮肤等美容服务和服装、化妆、形体美等方面的咨询服务。

（4）按摩服务项目。提供各种按摩服务，如水力按摩、人工按摩、机械按摩等。

（5）水疗服务项目。位于矿泉附近的度假村旅馆常提供各种水疗服务。

（6）热疗服务项目。提供桑拿浴室、蒸汽浴室等。

2.健身场所的服务项目

健身场所是以健身为主要目的的休闲体育场所，应以健身项目和具有明显健身效果的健身休闲项目为主，可选择以下经营项目。

（1）健身项目，包括健身房、网球场、乒乓球室、游泳戏水馆等。

（2）健身休闲项目，包括桑拿浴室、蒸汽浴室、日光浴室、按摩房等。

（3）配套项目，包括美容室、热水按摩浴池（40℃）、温水按摩浴池（35℃）、冰水浸身池（4℃）、健康氧吧、休息区等。

3.以某项休闲体育项目为主的休闲体育机构服务项目

（1）休闲健身项目，主要包括高尔夫球练习场、室内模拟高尔夫球场、保龄球、桑拿、按摩、台球等项目。

（2）健身项目，主要包括网球场、健身室、室内游泳池、台球室、乒乓球室等项目。

（3）配套项目，主要包括游戏室、卡拉OK、酒吧、商店、参观等项目。

（三）现代休闲体育经营服务流程设计

确立了本企业或酒店休闲体育中心的经营项目，就要把每个服务项目或多个服务项目以良好的程序提供给客人，这样才能既便于严格管理，又方便客人；既提高效率，又降低费用。所以，服务流程设计是休闲体育企业或酒店休闲体育中心各项设计中不可缺少的一项，必须给予高度重视。休闲体育企业或酒店休闲体育中心因其自身的特殊性，不能仅仅照抄照搬一些现成的企业或酒店休闲体育中心的流程，而必须结合本企业或酒店休闲体育中心的具体项目和经营特点设计。下面提供了一些设计的原则、方法和实例。

1. 休闲体育经营服务流程设计的原则

（1）方便顾客原则。任何一项服务，首先要考虑的是满足顾客的各种需求。顾客消费服务项目，乐趣在项目活动上，如果在使用项目前后须履行各种繁杂的手续，虽然方便了经营单位，但却会使客人反感。所以，要设计科学合理的办理手续，尽量减少客人办理手续的时间。

（2）程序简化与高效率原则。服务流程设计在方便顾客的同时，也要给服务人员减少不必要的程序，达到高效率的效果，从而提高服务质量，减少劳动力成本。

（3）便于控制监督原则。休闲体育服务项目多，环节也多，在保证方便顾客和简化程序的同时，还要使各个环节程序相互监督，便于管理者进行控制。否则会造成环节漏洞，既损坏休闲体育企业或酒店的企业形象，造成经济损失，又不利于考核员工的绩效。所以，在设计服务流程时，必须考虑控制监督的作用。

（4）便于电脑运用原则。现代休闲体育作为现代化的产物，不仅设备环境要现代化，管理也要现代化，应用电脑进行休闲体育经营管理就是主要手段。休闲体育经营服务流程各个环节的各种数据、信息沟通、数据汇总，都可以利用电脑进行。如果企业暂时不具备使用电脑的条件，在设计服务流程时也应考虑电脑运用的问题，为今后应用电脑打下基础。

2. 服务流程设计的方法

（1）明确本企业的经营项目与特点。这是指设计服务流程前要明确本企业的各种经营项目、同一经营项目的消费档次、本企业的环境特点（空间隔断、人行路段、设施限制等），根据这些情况考虑每个服务项目流程。例如，有的休闲体育企业推行会员制或贵宾卡，会员每次到本企业消费的固定项目，都配有免费供应的固定品种和数量的饮料。那么，消费固定项目与饮料时只需签一次字就可完成客人的程序。

休闲体育企业的有些项目设施距离较远，如果吧台提供的饮料放置位置距离客人使用有一定距离，或者因为吧台面积较小，提供冷冻饮料的能力有限，就可以在其他服务项目现场提供小冷柜，事先放入少量各种饮料。如果服务项目是单间形式，只需在最后一次记账即可，不必取一次饮料，记一次账。

（2）设计多种服务流程方案。这项工作可以在调查其他休闲体育企业或酒店休闲体育中心的基础上进行，召集有关专家和有关人员提出自己的想法，对不切实际的想法当场否定，对可行的方案进行总结分析，归纳出几种可行的流程设计方案。例如，方案一：客人到本休闲体育企业或酒店休闲体育中心后，接待员登记客人信息，引领客人到需要的项目处。客人使用时，由项目服务员记录使用情况，将账单送至总收银台，客人或服务员到总收银台结账。方案二：前面流程同方案一，后面不同之处是各个项目分别设收银员，由服务员在收银处为客人结账。

（3）选定一个合理的流程方案。评估各种设计流程方案，选择最合乎本休闲体育企业或酒店休闲体育中心实际的、又不违反设计原则的方案，再进行优化、简化，产生最可行的流程。例如，上面的方案，如果是规模小，路线短，设施集中的就可选定方案一，如果是规模大，路线长，设施分散的就可以选定方案二。

（4）不同消费形式，设计不同手续制度。客人在消费同一项或多个项目时，会有多种形式，应根据不同形式采取不同手续制度。例如，零散单项消费、零散多项消费、会员消费、零散优惠消费、团体消费、不同付款方式的消费等，各种消费形式在某些环节有所区别，一定要设计出不同的手续制度。

（5）设计各种科学严密的表格。现代休闲体育企业或酒店休闲体育中心的服务流程产生的经济效益，体现在财务上，主要是表格形式。表格设计得是否严密合理，关系到经营效果的好坏。经营效果要靠监督才能保证，管理者监督经营效果的主要依据是各种表格所提供的信息。所以，设计的各种表格既要方便服务流程，又要为财务和监督提供信息。

（6）模拟实施服务流程。将设计好的服务流程及各种表格教给部分员工，一部分员工扮成客人，模拟实施服务流程，然后观察这种流程的利弊，分析比较，再优化服务流程，完成一个服务流程设计的循环。值得注意的是，一个优秀的服务流程不是永恒的，可以根据环境变化、客人要求等因素不断进行调整和优化。

3. 服务流程设计的实例

下面以某休闲体育部门为例说明休闲体育服务流程的设计。

（1）企业的经营项目与特点。某休闲体育企业是以高尔夫球为主营项目，以俱乐部为主要形式的休闲体育企业，兼营项目有各种洗浴、室内游泳、台球、电子游戏、棋牌、卡拉OK、餐饮等项目。

（2）集中流程方案。

第一种方案：迎宾—总服务台登记—领位员领客人到需要的服务项目地点—由项目服务员服务，由领位员记账—领位员到总服务台结账—领位员送客。

第二种方案：迎宾—由领位员领位—服务员服务—服务员记账—服务员到项目服务处的收银台结账—送客。

选定第一种方案。制定不同消费形式的手续制度。客人如果是会员或优惠卡消费或免费消费，凭会员证、优惠卡、免费消费卡在总服务台登记，项目服务处应做记录，在结账时签字并在优惠卡或消费卡上做记录。

三、休闲体育产业的经营与实践案例

（一）体育赛事的经营与实践

体育赛事在发展过程中，主要以营销为主，下面主要对体育赛事的营销进行分析。

1. 体育赛事营销的概念

体育赛事是一种复杂的产品，可以对之进行宣传、定价和销售。目前，不少学者将体育赛事营销定义为通过赛事营销产品，或者将体育营销定义为通过体育营销其他商品,当然也有许多通过赛事成功营销其他商品的成功案例。这里所讲的体育赛事营销是指营销体育赛事,而不是指通过赛事营销其他商品。

体育赛事营销是为了实现赛事的目标,创造、建立和保持与目标市场之间的互利交换关系,而对设计方案进行分析、计划、执行和控制的行为过程。体育赛事营销的主要任务是提高赛事的市场价值,树立良好的赛事形象。体育赛事营销的管理过程包括分析市场机会、选择目标市场、设计营销组合、管理市场营销活动。体育赛事的产品是赛事服务,营销者是赛事主办主体,也可以由承办方、经纪公司代理。体育赛事的产品具有自身的特点:一是满足普通观赏者的需求;二是满足其他非观赏者的需求,如赞助商和传播媒体。体育赛事原始的精彩特点满足了休闲群体的需求,而由此衍生的体育赛事的现代商业特点满足了商业群体的需求。

2.体育赛事的营销类型

体育赛事产品主要是赛事的竞赛表演和由比赛衍生出的其他产品,这些衍生产品同样具有较高的市场价值,如广告价值、媒体转播价值,由此而产生了各种类型的营销,如门票营销、赞助营销、转播权营销、广告位营销等。随着体育赛事营销概念的不断发展和变化,广义上的体育赛事营销还包括利用赛事平台对城市、商业主体和运动员的营销。

成功的营销策划是建立在对目标公众需求理解的基础上的,而且要求组织花时间分析他们的目标市场并决定目标。体育赛事的目标公众种类较多,如赞助商、观赏者、媒体、政府等,需要采取不同的营销策略。尽管如此,赛事营销仍有普通市场营销的共性,如赛事环境分析、赛事目标制定、瞄准赛事受众、设计赛事营销组合、管理赛事营销活动等。

(1)门票营销。门票收入是赛事的主要收入来源,怎样制定合理的门票价格、出售更多的门票、保证较高的上座率都是门票营销的主要任务。首先,要对赛事环境进行分析,确定该体育赛事在各种体育赛事中的价值定位,甚至包括演唱会、音乐会、政府重大事件乃至自然灾害在内的各种大型事件环境;其次,分析哪些群体会购买门票到现场观看体育赛事,评价该群体的门票消费能力范围,制定门票的价格;再次,设计营销组合,让尽可能多的受众接受门票信息,如门票的特点、优惠、性价比等;最后,对门票的整个营销过程进行监督、管理和评价。

一般情况下,赛事的级别越高,观赏性越强,门票的价格越高,也更需要专业的营销策划。观赏性较小的参与型赛事,门票价值较低,甚至没有门票价值,也不需要很多门票营销投入。

(2)赞助营销。尽管很多大型体育赛事的赞助费用不是最主要的收入来源,但是数量也相当可观,在赛事举办费用中依然占据非常重要的位置。体育赛事的赞助营销是指将赛事的商业价值通过各种途径展现给赞助商,提高赛事的商业价值,获取更高的赞助费。奥运会的TOP计划是典型的赛事赞助营销。目前赛事的赞助费已经成为很多赛事的主要收入来源,特别是门票价值不高的小型赛事、参与型赛事,尽管赞助的数量不及大型赛事,但是对赛事的开展起着关键作用。赞助营销内容主要是:通过赛事为赞助商设计各类宣传方案;通过各种方式,如新闻发布会、公益活动、媒体等,吸引赞助商为赛事提供更多的资金或者物质上的帮助。

(3)转播权营销。转播权营销主要面向媒体,赛事与媒体相互依存,目前媒体转播的主要形式为电视转播。另外,网络、广播、报纸等媒体也有涉及,但是转播权的价值仍然主要体现在电视转播方面。转播权营销的主要任务是提高赛事的观赏性、赛事的知名度和赛事的宣传功能,通过各种方式,吸引更多的媒体,支付更多的费用转播体育赛事。能够达到这一目的的素材很多,如赛事的规模、独特性、冲突性(金牌冲突)、知名运动员等,这些都是媒体所需要的。

(4)广告位营销。体育赛事现场、周边场地和物体(气球、横幅、彩旗等)、门票、工作手册、秩序册、海报等都具有广告宣传功能,很多赛事可以对广告位直接营销。广告位营销的主要任务是提高广告位的宣传功能，提高商家对广告位的认知度，提高广告位的价格和销售数量。

（5）其他营销。除以上几项主要体育赛事营销外，还有许可权营销、赛事纪念品营销以及各种会议（如新闻发布会）和仪式（如合同签署仪式）营销等。不论是体育赛事哪方面的营销，其目的都是提高产品的接受程度、增加产品的价值、制定合适的产品价格，满足营销对象的需求。另外，由于赛事自身特点，赛事营销也有自身的特殊性，即政府成为赛事营销的对象，赛事的举办能够提高城市知名度和政府美誉度，赛事也需要政府提供的各种市政服务，因此政府也成为体育赛事的营销对象。

体育赛事的营销在进行各项赛事产品营销的同时，还存在整合营销，每一项营销之间都相互联系，相互依存，共同作用，并提升整个赛事的营销水平和营销效果。

3.体育赛事的营销策略与实践

体育赛事的营销策略，实际上就是以体育赛事需求者为出发点，根据经验获得观众、赞助商、媒体等主体对赛事的需求程度，消费能力的信息，对赛事的期望值，然后有计划地组织赛事的各项活动，通过相互协调一致的产品策略、价格策略、渠道策略和促销策略，为他们提供满意的商品和服务并实现赛事目标的过程。

体育赛事营销与企业营销有共同之处，也有很多差异，如赛事的举办地点是变化的，一些赛事没有连续性，赛场观众更是分属不同阶层，因此不能一味地生搬硬套企业的营销策略。但是赛事的营销策略需要借鉴和模仿各个优秀企业营销策略的优点，根据自身特点制定适合体育赛事的营销方式。另外，不同级别和不同性质的赛事，也需要选择不同的营销策略。即使同一赛事，在面对不同的目标消费者时，也存在不同的营销策略。随着市场营销研究的不断深入，市场营销策略越来越多，4PS（产品、价格、渠道、促销）被称为最为基础、经典的营销策略，但是随着市场复杂程度的提高，4PS难以精细地涵盖市场营销的各个方面。目前使用4VS营销策略的逐渐增多，相比较而言它更适合运用于展销会、音乐会、体育赛事这样的商业活动。下面以观赏型体育赛事和参与型体育赛事为例，依据4VS营销策略讨论体育赛事的营销策略。

（1）观赏型体育赛事的营销。观赏型体育赛事主要满足人们的观赏需求，可以在4VS营销策略的基础上设计。所谓"4V"是指差异化、功能化、附加价值、共鸣的营销组合理论。首先，差异化策略，即以不同特色的产品、周到的服务树立良好的形象，特别是大型体育赛事。例如，每届奥运会都有不同的主题歌、不同的口号、不同的会徽、不同的开幕式和闭幕式等。每届全运会都根据承办地区的特点，塑造赛事的独特风格。这些差异化策略可以让人们永远记住这届奥运会的地点、时间、精神以及和这届奥运会相关的赞助商。其次，功能化策略，即提供不同功能系列产品或服务满足不同顾客的消费需求，如为观赏者提供便捷的门票购买平台，为现场观众提供安全、便捷的通道，为赞助商提供各种回报方案，安排各种公关活动。再次，附加价值策略，即提高附加价值的产品和服务质量以满足顾客的需求。在体育赛事中，可以通过赛事的标准化、美化、人性化、创新性等提高赛事的附加价值。最后，共鸣策略，即受众观看和感受特定的场面或情景时，促使回想起某一事件的一种创意策略，可以唤起其珍贵的、难以忘怀的生活经历、人生体验和感受，激发其内心深处的回忆和感慨。体育赛事的共鸣策略与一般营销策略有所不同，普通营销中的共鸣策略是让顾客想起产品，从而吸引更多的忠实客户；而体育赛事的共鸣策略产生共鸣的目的不仅仅是吸引能够共鸣的观众，还是吸引更多的赞助商和转播媒体。体育赛事中能够与产品连接和共鸣的要素非常多，如赛事中运动员的阳光和朝气，与自己曾经体验的运动的快感或者内心对运动的欣赏而共鸣；体育赛事开幕式上各种文艺演出与历史文化之间产生的共鸣；农运会与农产品销售之间的共鸣；等等。赛事的共鸣程度越高，忠实观众（现场观众和媒体观众）就越多，赛事的价值也就越高。

（2）参与型体育赛事的营销。随着人们生活水平的提高和对休闲体育需求的增加，大众化的参与型体育赛事不断增加，参加体育赛事的普通人越来越多，有以体育活动为主的万人竞走赛、千人自行车赛、社区体育竞赛等各种参与型体育比赛，也有以其他事件为主题的体育活动，如为庆祝春节、端午节、桃花节、茶叶节等各种节日而举办的体育活动。随着体育赛事市场开发程度不断提高，参与型体育赛事的商业价值也逐渐体现出来，参与型体育赛事的营销策略越来越受到重视。参与型体育赛事营销策略首先是吸引更多的参与者，同时提升体育赛事的商业价值。在针对赞助商和转播媒体制定营销策略时，完全可以采取4VS设计进行策划，这和普通的营销策略非常接近。在向参与者营销时，可以采取4VS中的差异化策略和共鸣策略，但是营销策略的目的并不一定是获得经济效益，也可能是社会效益。

4.体育赛事营销手段

体育赛事营销手段，即体育赛事通过何种方式、借助何种媒体进行营销。目前体育赛事营销的途径主要有印刷资料营销、广播营销、电视营销、网络营销、相关活动营销，这些营销手段互相影响，相互联系，并不是完全孤立的。

（1）印刷资料营销。印刷资料营销包括海报、宣传册、报刊、门票等一切通过印刷资料进行的营销。报纸是人们公认的在社会生活中必不可少的印刷品，通过报纸进行体育赛事营销，是任何赛事都不会放弃的。体育赛事印刷资料虽然是传统的营销手段，但是随着印刷技术的不断提高，印刷资料营销水平不断进步，体育赛事的印刷资料营销是赛事营销中非常重要的组成部分。如果没有精美的秩序册、漂亮的门票，那么赛事的品质将会大打折扣，赛事的商业价值也会随之降低。

（2）广播营销。体育赛事广播营销是通过电波，用声音信号将体育赛事传播给大众的营销方式。尽管随着电视和网络的普及，通过收音机了解体育赛事的人越来越少，但体育赛事依然将广播营销作为营销手段之一。广播有其自身的优点，依然有较大人群选择收音机接收信息。如上班前的洗漱、早餐时间是接收收音机信号的高峰期，公交车、出租车和长途客车上也常见收音机信号传播，因此体育赛事一般不会放弃广播营销手段。

（3）电视营销。随着电视机、电视有线网络的普及和卫星电视信号的出现，电视受众数量越来越庞大，电视营销成为目前体育赛事营销的主要手段，从体育赛事的申办、筹备、开幕到闭幕、总结，各种大大小小的事件、发布会、各种仪式等频频在电视屏幕上亮相。主办者甚至极力创造各种可以引起人们关注的各类事件，吸引电视媒体，达到电视营销的目的。

（4）网络营销。网络营销是体育赛事营销必不可少的营销手段，它集中了报刊、广播、电视的所有功能，具有极大的营销空间，满足了各类群体的需要。它可以通过图文、声音、视频共同打造独特的营销效果。但是目前在部分国家和地区，个人计算机还没有像电视这样普及，网络信号、视频传输质量也远远低于电视信号。可见，网络营销的效果受制于个人计算机的普及和网络信号传输的质量水平。

（5）相关活动营销。在体育赛事营销过程中，营销者会极力开展以体育赛事为主题的各种相关活动，如启动仪式、群众参与性体育活动、各种新闻发布会等，这些活动不仅吸引了观赏者和媒体的目光，还大大吸引了赞助商的眼球。在活动营销的同时也引发了电视营销、网络营销乃至印刷资料营销和广播营销。

（二）冰雪休闲体育产业的经营与管理

1.冰雪休闲体育产业的类型与特点

（1）冰雪休闲体育产业的类型。冰雪运动可分为四大类：实用滑雪、竞技滑雪、大众滑雪、探险滑雪。这里所说的冰雪休闲体育多侧重于大众滑雪，它分为高山滑雪、越野滑雪、单板滑雪，是以健身和娱乐为目的的群众性滑雪运动。大众滑雪在欧洲和北美洲开展得较早，已经有上百年的历史，如今已非常普遍。以位于欧洲阿尔卑斯山脉地区的法国为例，每年冬季滑雪的人数有 700 多万人次。在亚洲，日本和韩国开展得比较早，20 世纪末是日本冰雪运动发展的鼎盛时期，滑雪人数曾达到 1800 多万人次。目前，我国的大众滑雪运动正处于迅速发展阶段。

（2）冰雪运动的特点。冰雪运动主要有以下特点：①地域性、季节性；②高投入性；③高风险性；④趋向大众；⑤较强的器械依赖性。

2.冰雪休闲体育企业的营销策略

冰雪休闲体育消费的营销策略是指为了让消费者购买自己的产品而制定的营销策略，主要有以下几种。

（1）顾客满意策略。企业的一切努力目的都是为顾客提供最佳体验和服务，以期获得顾客的满意反馈。这种满意度不仅令顾客高兴，也能促使他们作出对企业有利的行为，从而实现互惠互利。为了这个目标，企业必须在其资源范围内管理好顾客满意度，并确保满足其他利益相关方的需求。通过加强员工培训，生产高质量的产品，提供卓越的服务，企业可以有效地提高顾客的满意度。

（2）巩固营销策略。巩固营销策略的核心在于加强和提升企业在消费者心中的现有地位。即使企业不能成为市场的领先者，成为第二或第三名也是有效的市场定位。重要的是要让消费者认识到这一定位的可靠性，并相信企业是值得信赖的。紧随市场领头羊可以避免直接竞争的压力，同时在消费者心中建立起一个强大而稳固的品牌形象。

（3）重新定位营销策略。当企业在消费者心中的市场定位变得模糊，或者面对市场营销环境的显著变化，以及顾客需求的重大转变时，企业需要调整并重新定位其市场策略。此外，在面临许多强大竞争对手时，尤其是当这些竞争者聚焦于类似的产品和品牌形象时，企业通常会采取重新定位的策略，以保持其市场竞争力和品牌独特性。

3.冰雪休闲体育企业产品市场细分

市场是商品交换的场所和领域，是依据其所交换的产品的特点和用途来划分的。冰雪体育企业产品市场的交换对象是冰雪体育产品和冰雪体育服务。冰雪体育企业产品市场就是指冰雪体育服务产品的经营和交换场所与交换关系。人口、购买力和购买意向是决定市场规模的三个要素。

冰雪体育市场具备一般市场的共同点，遵循价值规律、供求调节、竞争等一般规律。可按照以下特点对冰雪企业产品市场进行细分。

（1）冰雪体育企业产品表现形态的特殊性。冰雪体育企业的主要市场是提供体育服务，如高级别的冰雪竞赛和表演。这些产品为消费者带来的是精神上的享受，并形成品牌效应，这与传统的物质商品生产有明显区别。

（2）冰雪体育企业服务商品使用价值的不确定性。在冰雪体育领域，消费者对产品的价值评估存在很大差异。不同于一般商品，消费者对冰雪体育服务的评价标准和态度差异较大。这种多样性使得市场细分变得复杂，因为每位消费者的偏好和期望都可能不同。

（3）冰雪体育企业商品生产过程与消费过程的同时性。冰雪体育企业提供的体育劳务服务，如冰雪竞赛和表演，同时是商品的生产和消费过程。消费者在观赏和体验这些服务时，实际上也是在消费这些商品。这与传统的物质商品不同，后者的生产通常在工厂完成，而销售则在市场进行。冰雪体育产品的这种特性意味着生产和消费过程紧密相连，为市场细分带来了挑战。

（4）冰雪体育企业市场发展的不平衡性。受区域性经济、文化、思想观念和生活方式等因素的影响，冰雪体育市场的发育程度和发展速度极不平衡。在我国北方地区，冰雪资源丰富，有优越的自然环境和地理条件，加上人们对冰雪运动独特的爱好，冰雪体育市场相对活跃和繁荣。在南方沿海开放地区和内陆大城市，由于没有形成冰雪的自然条件，相对来说冰雪运动项目的发展是很缓慢的。虽然也有室内冰雪场，但是建造这些设施的代价很高，没有一定经济实力的企业是建设不起的。

（5）冰雪体育企业市场经济效益与社会效益的统一性。冰雪体育企业在进行市场定位时需平衡经济和社会效益。由于其具有文化和公益属性，冰雪体育市场的目标不仅是经济利润，还包括社会贡献，不能为了单纯的经济收益而牺牲社会价值。实现经济效益与社会效益的和谐结合是关键，遵循以社会效益为主的原则，既能提升社会福祉，也能获得最佳的经济回报。

第三节　休闲体育产业发展中的管理及实践

一、休闲体育产业管理的基本原则与方法

（一）休闲体育企业管理的基本原则

休闲体育企业同其他行业的企业一样，既有共性管理原则，又有个性管理原则。休闲体育企业管理的基本原则就是运用现代化的管理思想、方法和手段为企业做好周密的工作计划，然后按计划统一领导企业。同时，为确保企业长远利益和经济效益，在处理具体问题时，又要坚持灵活性及群众参与等原则。只有这样才能保证企业既有稳固的运行机制，又有适应环境变化的灵活性，使企业在激烈竞争中立于不败之地。

1. 坚持计划管理与灵活性管理相结合原则

计划管理就是在确定任务或目标之后，在进行任何一项工作之前，都要事先规划好做哪些工作，由谁去做，如何做，设计各种可行的实现目标和完成任务的方案，然后从中选择最佳方案，并将此方案转变成落实到具体部门、具体负责人和具体完成时间的行动方案。也可以说，休闲体育企业计划管理就是要求休闲体育企业管理者在接受任务或确定目标后，每年、每月、每日都要对每项工作做好计划。

计划可以分为长期计划、中期计划和短期计划，也可以分为外部计划和内部计划。长期计划是短期计划的指南，短期计划是完成长期计划的过程。一个高层次管理者应高瞻远瞩，善于做长期计划，基层管理者应善于做短期计划。例如，某城市唯一的高尔夫球俱乐部长期计划为5年收回总投资3000万元，计划第一年收回总投资的10%，即300万元。如何完成第一年的计划呢？这就需要做若干项详细的短期计划。人事培训部门要做好人才招聘、培训和合理使用人才的计划，以保证企业正常运转；公关部门要做树立企业良好形象、市场调查、客户管理、广告宣传、促销等计划，以保证企业客源渠道畅通；经营部门要制定合理价格，制定营业目标、成本费用标准等，从而保证企业利润的实现。

休闲体育企业在坚持严格的计划管理的同时，还必须坚持一定的灵活性，因为实施计划过程中会遇到原有长期计划和现有短期计划都无法预料的情况。管理灵活性就是管理者在保证企业实现总体目标的前提下，根据企业当时当地的具体情况处理一些事件。灵活性是企业管理工作必不可少的，因为计划是根据预测可能发生的情况制订的，预测不一定完全准确，所以，当计划不适应具体情况时就必须灵活处理。但是，灵活性在休闲体育企业管理中也不可运用过多，否则就会影响计划的执行，造成失误。对于反复出现的现象和容易准确预测掌握的事件，就要严格执行计划管理，如用人标准、成本费用率、工作程序等。相反，对于突发事件和环境已发生变化的事情，可运用灵活性。例如，某高尔夫球俱乐部公关部门在进行市场调查后，得出调查结果，第一，本市高尔夫球俱乐部设施面积已远远不能满足现有市场的需要；第二，本高尔夫球俱乐部发行的会员证，在市内已经被炒至若干倍的价格。这时，原有的定价还能执行吗？是全面调整，还是部分变动？这就需要灵活掌握。由于高尔夫球设施供不应求，为此，俱乐部决定调高消费价格，但不久又有其他形式（如高尔夫球模拟练习场）或新的高尔夫球俱乐部诞生，则高尔夫球俱乐部的客源必然会减少，有的客人会提出降价要求，这时就应运用灵活性原则来处理。

总之，休闲体育企业在管理工作中，必须坚持计划管理与灵活性相结合的原则，只有这样才能保证企业有条不紊、灵活多变地实现经济效益和社会效益双赢的目标。

2. 坚持以人为中心的管理原则

以人为中心的管理，是当今世界最流行、最为广泛采用的管理原则。休闲体育企业同其他企业一样，是由人来经营管理的。休闲体育企业的商品价值就是借助一定设施设备，通过服务员的服务，为客人提供有偿休闲体育消费而实现的。所以，休闲体育企业职工工作情绪、技术水平、服务技能直接影响着企业产品质量，关系到企业的经济效益和社会效益。休闲体育企业在管理过程中，要始终贯彻以人为本，以人为中心的思想是保证企业实现总体目标的根本指导思想。

坚持以人为中心的管理原则，就是指企业管理工作要以激励职工的积极性为中心，不断提高和充分发挥职工的才智。激励职工的积极性要了解职工的需求。例如，有的职工想在休闲体育企业中不断地学习新的知识，掌握休闲体育企业经营管理经验；有些职工是为了增加经济收入；有些职工是为了展现自己的工作能力；等等。休闲体育企业管理人员应了解职工的这些要求，然后因人而异，满足他们不同层次的需求，从而激励职工充分发挥主观能动性，积极主动工作。

休闲体育企业开展以人为中心的管理，重点应该做好以下工作。

（1）努力提高职工的满足度。现代管理理论认为，管理问题从根本上讲是人的问题。因此，要将职工作为参与管理的人来重视和尊重，关心和满足他们的需求，重视调动他们支持企业搞好生产经营的积极性、主动性和创造性，从而提高他们对各种需求的满足度。具体措施包括以下几种：实行相对稳定的雇员制；把职工工资与职工对企业的贡献和企业利润挂钩；实行有激励性的奖金制度；各种形式的福利措施；推行自主管理，创造信任气氛，让职工自主地为实现总体目标而去选择他认为在职责范围内最好的工作方法；提倡"走动管理"，融洽与职工的关系；

举办多种形式的庆功活动；对职工进行培训，使他们提高自身素质的要求得到满足。

（2）建立各层次的良好人际沟通途径，使信息特别是人际关系的情感信息在企业内部上下左右的传递畅通无阻。

（3）鼓励职工积极参与管理，例如，建立完善的合理化建议制度，开展各种形式的自主管理，鼓励职工参与企业的决策。

（4）创造有利于职工创新的环境，激发职工的工作主动性和自觉性，创造性地开展各项工作。

（5）加强企业文化建设。人是企业中最大的资源，人的工作积极性和主观能动性的充分发挥，不但可以通过经济利益来刺激，而且可以通过文化思想微妙地、潜移默化地传递、渗透与激发。因此，要用崇高的精神力量来说服人、吸引人、团结人、鼓舞人，使全体职工相信，只有通过投身于实现企业目标的活动，他们的个人目标才能得到很好的实现。

3.加强经济核算原则

休闲体育企业管理的首要任务是为企业创造最高利润，最高利润又是以最高营业额和最低成本费用为前提的，所以，只有加强经济核算，才能在努力扩大企业营业额的同时，降低企业各项成本费用，实现企业利润最大化。

加强经济核算，不仅要制定严格的经济核算体系和科学的核算制度，而且要在完成数量指标的同时重视质量指标。加强经济核算必须做好以下工作。

（1）加强基础工作，建立健全各种工作定额、各种原始记录和原始凭证。例如，高尔夫球场每天要对接待的客人及其消费情况做原始记录。要详细记录客人进入总台将使用项目、付费方式等，客人在使用项目时也要进行记录，并在各个环节存留好原始凭证。最后由核算人员对照原始凭证结算，以免个别环节出现漏账现象。只有这样，才能为休闲体育企业的经济核算打下基础，才能使经济核算工作有据可依。

（2）建立分部门核算与分部门经济活动分析制度。在同一时期，休闲体育企业有的业务部门创造经济收入多，有的就较少，这就应该分部门核算各项收入来源、各项费用支出，这样才便于进行分部门经济活动分析，从而找出原因，改进工作。例如，一个娱乐场所开业一年后，各部门费用核算结果是：公关销售部最低，而且低于其他同类娱乐企业，其他部门费用不低于其他同类娱乐企业的同类部门，而本企业的营业额却远远低于其他娱乐企业的同类部门。分部门经济活动分析表明，公关部人员过少，只有一人，而且没有大型的有影响力的公关活动，所以，费用也极少，相应的客源不多，其他盈利部门营业额就低。由于接待客人少，加之经营初期管理不善，部分员工及家属来免费使用企业设施过多，造成费用的增多。从该案例可以看出，只有通过建立分部门核算，才能发现问题，也只有建立分部门经济活动分析制度才能找出问题的根源，从而解决问题。

（3）严格执行国家财经纪律，加强资金和费用管理。休闲体育企业作为国家的一个经济细胞，受国家法律的保护，同时必须严格遵守国家财经纪律，使企业正常合理发展。否则，会对企业长期发展不利，甚至走向崩溃的边缘。休闲体育企业的产品以服务形式体现，又以零售方式为主，日常活动频繁。所以，每日都会用掉大量资金和产生许多费用，如不加强资金和费用管理，就会产生漏洞，损失掉休闲体育企业无法估计的纯利润，获得最高利润就将成为空话，问题严重的企业将会长期亏损，甚至破产倒闭。

（4）实行指标分解，把企业主要经济指标分别落实到有关职能部门、业务部门、班组、个人等。要加强资金和费用管理，实现最高利润，就要把企业的定期整体目标合理分解，并落实到各部门直至个人。例如，一个以健体休闲项目为主的企业，附设其他如餐饮、美容等项目，健身休闲项目从投资额和占地面积均占整个投资与面积的90%，所以，每年的健身休闲业务部门要承担全年利润的90%，甚至全部，餐饮、美容等附属部门只作为一个完善整个企业的项目存在，收支平衡即可。为此，就要将企业的利润指标主要分解落实到各个部门，并具体落实到各个部门的每一个班组和个人。

由此可见，休闲体育企业加强经济核算是完成企业任务所必不可少的，它是以人为中心管理原则的基础。

4. 管理现代化原则

前面的三项原则归根到底要通过现代化的管理思想、管理方法以及管理手段和管理人员来实现。因为，随着社会经济的不断发展，休闲体育服务的社会化水平日益加强，许多休闲体育企业必须采用相应的现代化管理措施，才能确保现代休闲体育企业的管理达到高效、有序的目的。管理现代化原则，主要包括以下四个方面。

（1）管理思想现代化。这主要是指在管理思想上由传统型转向现代型、由内向型转向外向型。只有树立以人为中心的管理思想和以满足市场需求为中心开展企业经营服务活动的观念，才能适应现代社会的需求，提高企业素质，从而达到提高经济效益的目的。

（2）管理方法现代化。要把企业管理从主要依靠老式的工作经验和其他行业的管理方法及直观判断转移到主要依据本行业特点来管理的科学方法上来。把定性分析和定量分析结合起来，尽量使企业管理定量化。要充分利用数学方法对企业经营服务过程做全面的动态分析，把管理现象和管理活动模式化。例如，休闲体育企业用人制度应是建立在定量化基础之上的，而不是凭印象评价一个人。首先，用人制度应说明本企业的工作人员的基本要求；其次，说明违反要求一次者受到何种处罚，同时，用人制度应包括激励员工的条例，员工满勤、受客人若干次表扬以及维护企业形象、为企业节约资金费用等，应受到什么样的奖励，都要以定量形式表示出来，不能仅仅用"好"与"坏"二字或表面印象来简单评价职工的失误和成绩。

由于休闲体育企业的每一项制度都包含许多项内容，如果休闲体育企业对每个员工、每个项目都进行定量化管理，则管理工作量很大，很难依靠传统工作方法来完成任务。所以，必须运用现代化管理手段来保证管理方法的现代化。

（3）管理手段现代化。管理手段现代化主要是指将电子计算机运用于管理各个环节，逐步形成管理信息系统，便于管理人员及时掌握企业经营管理全貌，为经营管理决策提供详尽、全面、准确的数据资料，并为市场预测和管理方法由定性向定量发展创建基本条件。例如，一个拥有多项休闲体育服务项目及其他配套服务项目的综合性休闲体育企业，每日、每周、每月都有相应的营业量、保本点、费用情况、员工情况等，总经理如果不运用现代化管理手段是很难全部掌握的。通过现代化管理信息系统，总经理在办公室就可以随时掌握各部门的营业情况、费用情况以及他们的计划执行情况，并及时采取措施解决有关问题。

（4）管理人员知识化、专业化。管理人员知识化、专业化是休闲体育企业管理现代化的关键。现代休闲体育企业在我国虽然刚刚起步，但在国外已相当普遍，来华外宾很多已习惯于享乐现代休闲体育项目，这就要求服务人员和管理人员必须掌握一门或几门外语。管理人员没有掌握必要的科学文化知识，再好的休闲体育设备也无法充分发挥作用。休闲体育企业管理人员还要有管理理论知识、经济理论知识和其他社会科学知识，这样才能把握经济社会动态，才能管理好员工和处理好外界关系。管理人员还要学会熟练地使用计算机，这样才能提高管理工作效率和质量。只有做到以上几点，企业才能在日益复杂的经济环境中生存发展。

（二）休闲体育企业管理方法

现代休闲体育企业的管理方法是管理原则的具体运用，休闲体育企业管理者不仅要准确把握并灵活运用现代休闲体育企业的各项管理原则，而且要在此基础上正确理解和运用各种具体管理方法。现代休闲体育企业的管理方法很多，下面对有关管理方法进行简单介绍。

1. 目标管理方法

目标管理就是运用事先制定好的目标来进行管理活动的方法。要运用好目标管理，就要做好以下工作。

（1）制定科学合理的目标。休闲体育企业各层次管理者在不同时期对各项工作都应制定明确的目标。高层管理者应制定长远目标，即企业的宗旨，如优质高效实现最佳企业效益和企业团结。基层管理者应制定各个阶段工作目标及实现目标的计划，如成本控制计划、员工出勤率计划等。当然，制订的计划应考虑员工接受的可能性。为此，必须考虑被邀请参加计划制订的员工是否有参加的积极性，是否有相关的专业技术知识与经验可被利用。

（2）要将制定的目标以各种形式传递给员工，使他们懂得休闲体育企业远期和近期目标以及目标制定的要求、目标确定的标准和各层目标的连接方式等。

（3）将目标管理工作落到实处。在上述基础上，要真诚地利用这一方法，不要徒有形式。

2. 标准化管理方法

休闲体育企业是提供服务的企业，因此，一切服务都应强调程序化、质量标准化、工作制度化。可以要求每个职工随身带一本工作记录手册，随时对照检查自己的工作职责、工作范围以及完成任务的情况，如检查自己是否已经达到了服务质量标准，是否已经具备了承担该项工作的知识技能和实践技能，并要求所有职工都要按照标准、程序、规章要求去做，不得随意更改。

3. 统一领导的管理方法

休闲体育企业必须设立统一的规章制度和严格的服务标准，各层次管理者都必须严格按照企业制度的整体目标和有关规章制度去工作，不得擅自做与企业统一目标相违背的事情。要服从统一领导，严格控制成本费用，不准随意购买大型服务设施，一切要经休闲体育企业领导班子集体决议、审批，以确保企业各级领导和员工行为的同一性。

4.重视人才和智力投资的管理方法

高薪聘请管理人才是许多企业成功的经验。现代社会，休闲体育企业同其他企业一样，同类企业的竞争，尽管表现形式是多方面的，如服务质量的竞争、管理水平的竞争、客源市场的竞争、价格的竞争等，但归根到底是管理人才的竞争和企业职工素质的竞争。

人才是企业的支柱，有了人才就会有良好的管理水平，有了人才就会有一流的服务质量，有了人才就意味着有了企业竞争的资本。人才是企业的一切。所以，休闲体育企业只有依靠"人"这一宝贵资源，并充分发挥其潜力，才能兴旺发达。

二、休闲体育项目活动及设备的选购

休闲体育企业的设备是休闲体育企业经营成败的物质基础。只有具备了良好的设备，才能有良好的经营成就。因此，休闲体育企业的设备选购是企业投资决策的关键环节，经营决策者必须予以高度重视。要广泛收集国际、国内休闲体育设备资料，全面、准确地掌握各种设备的性能和价格，在此基础上根据企业的经营宗旨和经营策略决定选购适合本企业要求、具有明显特色的休闲体育设备。

（一）选购现代休闲体育设备应考虑的因素

选购现代休闲体育设备，主要考虑的因素是技术是否先进、经济是否合理、性能是否稳定、安全是否可靠。具体来说，应考虑以下因素。

1.企业的市场定位

休闲体育企业选择休闲体育设备时，首先要看设备是否符合本企业的经营目标和市场定位，高市场定位的休闲体育企业就必须选购高档次、先进、豪华的休闲体育设备，中、低定位的休闲体育企业就可以选购中、低档休闲体育设备。对一些配套设备，如购买高尔夫球洗球器时，就要考虑它是否能节约劳动力或减轻劳动强度。

2. 费用因素

休闲体育企业经营的宗旨是获得最高利润，因此，休闲体育企业在选购设备时必然要考虑设备费用问题，其中重点应考虑如下几个方面：买价；安装费用（高档次设备可由厂家负责安装并提供操作培训）；修理、折旧和保险费用；筹款费用；经营成本。

3. 设备性能

这主要看设备的各种性能指标是否达到休闲体育企业或酒店休闲体育中心的要求，同时，看这种性能能维持多长时间。性能和成本要成正比。设备性能的考查方法有三种：一是查看机器实际运转时的情况；二是争取试用后再购买；三是多方了解用过此种设备用户的反馈。

4. 设备特色

休闲体育企业或酒店休闲体育中心的设备是吸引客人前来消费的重要基础，而只有富有特色的设备才对休闲体育消费者具有高强度的吸引力。因此，休闲体育企业或酒店休闲体育中心购置设备就应有独特之处，既要方便客人，又要使休闲体育企业或酒店休闲体育中心的格调高雅。

5. 安全和卫生

购置设备时要看它是否符合国际或国家的安全卫生标准。如在污染空气、噪声方面要符合休闲体育企业或酒店休闲体育中心要求，对某些设备要求附带消声、隔音装置或配以相应的除污附属设备。在安全方面要考虑设备是否有防止事故发生的各种装置，如自动报警、自动断电、自动停车等装置。

6. 外观设计

设备的外观要与休闲体育企业的建筑风格、等级相一致，并要以高雅、做工精细、容易保洁为标准。

7. 使用方便

由于休闲体育企业或酒店休闲体育中心人员流动性大，休闲体育企业或酒店休闲体育中心的设备，尤其是供客人直接使用的设备，应不需要高深的知识和复杂的记忆，易于使用，且易于修理。

8. 节能性好

许多休闲体育设备是高耗能设备，如眩晕类运动中的旋转、升降，保龄球的输送道等。为了节约成本，必须选购节能性好的设备。

9. 为自动化控制留有余地

休闲体育企业应用计算机管理势在必行，所以在购置设备时，应考虑到设备是否有计算机控制的接口，以避免以后设备控制中的麻烦。

（二）选购现代休闲体育设备的基本程序

1. 广泛收集国际国内有关休闲体育设备资料

（1）查看企业内部设备资料，主要是指查看休闲体育企业现有设备资料，包括设备档案、资产账册和设备卡片等所包含的设备信息。

（2）收集国内有关休闲体育设备资料，可以从各地区产品管理处、总经销公司、制造厂门市部和各种交易会订货展销会，广泛收集休闲体育产品目录、样本和说明书，通过技术杂志、报纸、广告获取所需设备的信息。对汇集的信息进行整理，汇编成册，有条件的可以存入计算机备查。

（3）收集国外有关休闲体育设备资料，可以利用国外科技刊物和技术资料，从中掌握设备的发展趋势和现有最先进的设备水平。通过外贸公司、银行、国家商业团体和展览会等渠道获得设备信息。利用专利咨询机构检索专利资料了解先进设备的线索和动态。此外，还可以利用其他国内报刊及互联网获取国内外设备资料和相关资料。

2. 国内设备订货

设备订货的主要内容包括签订合同和合同管理。在签订订货合同时应注意以下几点。

（1）合同的内容必须以供需双方往来函电、洽商的结果为依据。

（2）合同的文字必须准确，能明确表达供需双方意见，不得有漏洞。

（3）合同必须符合国家的经济法令、政策和规定。

（4）合同必须考虑可能发生的各种变动因素，并将防止和解决方法列入，以作为签约后情况发生变化时进行处理的依据。

（5）签订合同的手续必须完整，内容必须填写清楚，包括供、收货双方主管部门和单位的通讯地址、电报挂号、电子邮箱地址、结算银行全称和账号、货物到达站、运输方式以及产品名称、型号、规格、数量、交货期、结算方式、签订日期等，不能漏填或误填，最后盖上双方财务上规定的合同印章，才能生效。

（6）签订合同时务必注意责任条款明确。

（7）对违反合同条款，但已到货的设备，应尽量保持其原样，以保存证据。如保持原样有困难，最好的办法是尽快得到具有法律效力的证明，或请相应公证部门予以公证。

（8）合同管理，就是对订货、协议书、订货中往返函电、订货凭证等进行妥善管理，以便在订货过程中和掌握合同执行情况时考查，并作为仲裁供需双方可能发生矛盾的依据。国外设备订货的往返函电、附加协议、商谈纪要、预付款单据，都应视作合同的附件进行登记，并归类管理。

3.国外设备订货

（1）询价与报价。所谓询价，即列出拟订购设备的名称、规格、型号、数量、包装、交货日期等条件，向供应商询问价格。询问时，可同时选择几个国家、不同地区的厂商分别询价，然后加以比较，选择条件最为适当的厂家作为谈判的对象。所谓报价，即由买方向供应商发出拟订购设备的询函，请卖方正式提出报价单。报价方式在正常情况下有以下几种。

①稳固报价，亦称确定报价。即报价人在一定时间内不可变更或撤回的报价。

②不受约束的报价。即报价人对询价人所报之价格毫无责任，也不受任何约束，可以随时任意调整其价格。这种报价，实际上只是一种"价格通知"，仅能作为参考。

③卖方确认后有效的报价。即卖方报出的价格，经卖方再次确认后方有效。这种报价方式比较普遍。

④有权先售的报价。即卖方可以同时向两个以上买方报价，如其中一方先接受，则对后接受者不再生效。这种报价方式对卖方较为有利。

⑤还报价，即进口商价。虽然各种交易条件合适，但外商报价过高，买方要求对方减价，这就是所谓"还价"或"出价"。还报价是一种新的"要约"，应在确实的有效期内进行。

（2）签订合同。合同由买卖双方或经双方授权的代理人签订。合同必须经过询价和报价的过程，由买卖双方洽谈达成协议方才有效。签订合同有下列几种方式。

①签订方式。即买方在购买之前，先就订购设备的规格及有关条件提出合同、草稿，经双方洽谈达成协议后签字，成为正式合同。金额较大又较贵重的设备订货多采取此种方式。

②确认接受方式。即由买卖双方中的任何一方提出"要约"，由另一方确认予以接受。"要约"凡由买方提出者称为"订单"，由卖方提出者称为"订货确认书"。

③换文方式。即由买卖双方通过书信或电报往来达成协议。

（3）国外设备订货合同的注意事项。在签订合同时，对国外订货协议的各项条款应严格审查，逐一研究，注意做到以下几点。

①设备应采用通用的标准名称，用中文与外文对照书写。

②要注意设备的规格和质量是否适合国情，对质量检验方法及发生质量与合同不符时的证明方法、处理方法，应有明确规定。

③标明价格与付款条件。价格按基础不同，有船边交货价格（FAS）、船上交货价格（FOB）、包括运费在内的价格（C&F）、包括保险费、运费在内的价格（CIF）。付款条件有信用证付款交单、承兑交单。

④对设备的包装与装运条件，要具体说明。如包装有集装箱、木箱、货柜等，装运码头也需要加以指定。对于特殊或精密设备、仪器等，需要注明特殊包装与装运要求。

⑤合同中要确定交货地点与延误交货的处理办法，同时要注意签发

信用证的日期，以使之与交货期配合。

⑥合同要确定运输的方法。如船运或空运，一次装运或分批装运，否则需要指定航线或船舶。

⑦合同中要有保险条款。若是采用船边交货价格、船上交货价格，包括运费在内的价格，一般由买方投保；若是包括保险费、运费在内的价格，由卖方投保。

⑧要选定国际公证商检机构进行设备质量的检验。在合同上要注明检验以装船或卸船为基准，并指定检验的单位或公司，确定检验的标准和方法。

⑨合同要说明发生产品质量不良情况时如何赔偿、调解双方纠纷的方法及仲裁的地点。

⑩与设备有关的图纸资料、备品配件、附件、专用工具、监测和评断仪器、特殊冷却润滑油料等，以及聘请卖方专家指导，委托卖方培训人员和其他技术服务等事项，应在订购设备的同时引进或购买，并在合同上注明，同时保修期、维护期限等均不得遗漏。

4. 到货验收

设备到货后，供需双方与有关部门要及时开箱验收检查。如发现问题，要向有关方面查询或向责任单位索赔。

（1）检查包装情况，慎重探明应采取的拆箱方法，严防开箱时损坏设备与附件。

（2）根据装箱清单清点到货是否齐全，外观质量是否完好无损，填写开箱记录单。国外订货大单可请公证或商检人员直接参与。

（3）随机的备品附件、工具、原件资料是否齐全，要造册登记，专人保管。

（4）核对设备的基础图、电气线路图、设备所占的空间以及在原定厂房施工图上标注的施工范围。

现在有些休闲体育企业为了节省时间和精力，将其要购置的设施设备的型号、规格以及具体要求提供给有一定资质的投标公司来操作。

第五章 体育俱乐部的发展

第一节 体育俱乐部简述

一、体育俱乐部的产生

"俱乐部"是个外来语,是英语 club 的译音,原意为"总会"和"社交圈",也指娱乐场所。俱乐部本身代表着一种组织制度,传统意义上的俱乐部大多为会员制,会员交纳会费,民主选举管理层,制定规章制度,会员活动范围大多是封闭的。目前,这种俱乐部在我国其他行业或领域内也很盛行,如汽车俱乐部。西方某些老牌俱乐部仍保留了传统意义上俱乐部制的某些特征。

西方旧时俱乐部带有浓厚的贵族气息。随着娱乐项目的平民化,尤其是当代体育在商品经济的冲击下,逐渐走向市场化,传统意义上的体育俱乐部已不能适应高投入、高风险、高回报的市场环境。因此其运行能力、管理制度逐步改进,实际上已与公司制极为相似。例如,董事会原本是公司制的一个组织机构,被俱乐部广泛采用,俱乐部领导常常以董事长、总经理的面目出现。

体育俱乐部是伴随着现代工业的进程而产生和发展的,至今已有一百多年的历史。最初体育俱乐部发展速度缓慢，直到第二次世界大战结束以后，特别是近二三十年来随着体育热的升温，作为开展体育活动主要组织形式的各种类型的体育俱乐部才日益发展、壮大。

二、体育俱乐部的特点

根据体育的特点，可将体育俱乐部的特点总结为非实物性、消费的排他性与非竞争性两个方面，下面分别对这两个特点进行分析。

（一）非实物性

体育从整体上来看，属于第三产业，是服务行业中的一种。体育俱乐部作为体育的延伸，提供的也是一种服务产品，但这种产品是非实物的。即便如此，这种产品因凝结人类劳动，也属于劳动成果。同时，这种服务产品能够满足人们的某种需要，具有同实物形态产品"等价"的能力，因此，这些非实物的体育服务产品也就成为社会产品。

（二）消费的排他性与非竞争性

体育俱乐部消费的排他性指的是在一定的范围内，一个人进行体育服务产品消费时，并不会对他人的消费造成影响，这也决定了体育俱乐部中服务产品具有非竞争性。但是这种非竞争性是有限度的，当消费者人数达到一定数量后，体育俱乐部就需要扩张场地和增加体育设施，即消费者数量的增加，会导致俱乐部的成本上升，因为俱乐部若是不支出成本进行场地扩建和增加设施，就会使每一个消费体育准公共产品的人的利益受损。

为了保证体育俱乐部提供的体育准公共产品的质量，体育俱乐部需要对参与人数进行限定。与公众体育休闲娱乐需求不断上升相比，体育产品的供给能力是固定的，在产品资源短缺的情况下，市场上一定会产生需求竞争，此时就需要俱乐部通过收费或实行会员制的方式进行排他性消费。这种消费的排他性为根据"谁使用、谁收益、谁付费"的市场原则进行经营的体育俱乐部提供了发展条件。

三、体育俱乐部的类型

随着体育俱乐部的发展与壮大,体育俱乐部开始细分为多种类型,不同类型的体育俱乐部,发展目的也就不同。体育俱乐部可分为商业体育俱乐部、职业体育俱乐部、业余体育俱乐部,下面将对这三种体育俱乐部类型进行详细分析。

(一)商业体育俱乐部

商业体育俱乐部的产生与近年来社会中流行的"花钱买健康"的消费观念具有密切联系。商业体育俱乐部的创办目的是为人们提供休闲、娱乐、健身服务,其以拥有商业性健身娱乐设施的地方为主要活动场所,受市场机制和利益机制的影响,是一种会员制的群众体育俱乐部。

生产力的不断提高使人们的物质生活愈加丰富,人们开始将更多的注意力转移到提升生活质量和自身健康水平上,而单一的业余体育俱乐部服务并不能满足人们的要求,此时商业体育俱乐部应运而生。商业体育俱乐部能够根据不同年龄、不同层次的消费者的体育需要,提供专业的体育服务,并通过等价交换获得盈利。

(二)职业体育俱乐部

职业体育俱乐部主要是为了满足人们的体育竞赛表演需要,它是将职业体育竞赛及相关产品作为商品来组织生产经营,并实现追求盈利、自主经营、自负盈亏,具有独立法人资格的体育经济实体。

1. 职业体育俱乐部的类型

职业体育俱乐部有以下三种类型。

(1)职办合作型俱乐部。它是由地方体育协会与企业,通过合资合作的形式组建的俱乐部,这是职业体育俱乐部早期的发展形式。

(2)职办股份型俱乐部。它是由国有或私有机构、企业根据签订的合同中规定的投资比例,入股成为俱乐部股东,并按股份领取分红的俱乐部形式。

（3）企业独资型俱乐部。它是由一个企业单独出资并进行独立经营，企业掌握所有的产权、经营权、管理权的俱乐部形式。这种形式的体育俱乐部能够避免联办俱乐部经营中可能产生的矛盾，但是这需要投资企业具备较强的经济实力和丰富的体育市场经营管理经验。

2. 职业体育俱乐部产生的前提条件

职业体育俱乐部产生的前提条件需要从体育条件和俱乐部自身两个方面进行分析。

（1）从体育条件方面进行分析。从体育条件方面来看，职业体育俱乐部的发展重点需要放在具有较大市场潜力和市场价值的运动项目上。这种市场潜力和市场价值体现在两个方面：其一，这个运动项目具有一定的群众基础，能够被大多数群众所接受；其二，这个运动项目的比赛激烈程度高，能够引起观众的兴趣，对观众产生强大的吸引力。只有具备上述两点要求的运动项目，才能获得更广泛的传播和更高的商业价值。

职业体育俱乐部是经营性的比赛实体，需要有一系列稳定、合理、科学的竞赛体系和规章制度，这是保证职业体育俱乐部顺利经营的基础。此外，职业俱乐部还需要有一个权威的组织来对职业体育俱乐部进行统一的领导、协调及监督，该组织要具备较高的权威性和高度执行力，能够对职业俱乐部的行为进行实时监控。当前，职业体育俱乐部发展比较完备的国家都有自己独立的全国性职业运动组织。

（2）从俱乐部自身方面进行分析。从俱乐部自身来看，职业体育俱乐部所具有的特点决定了它的数量限制，成为职业俱乐部的要求要比业余俱乐部更加严格。同时，每个运动项目俱乐部需要的自身条件也是不同的，在此，以当前职业体育俱乐部体制发展较为健全的职业足球俱乐部为例，对其产生条件进行分析。

职业足球起源于英国，1885年，英国足球开启职业化进程，这也是现代职业足球发展史的开端。根据国际上的惯例和国际足球联合会的有关要求，职业足球俱乐部需要具备以下几个条件。

第一，需要有标准的足球赛场，包括内设灯光、草皮及能够容纳一定观众的看台。

第二，要有足够的基本资金与周转资金，同时在经济管理上能够成为一个独立的经济实体。

第三，要有一支具备一定实力的球队，有正式在册球员18名。

第四，要有后备人才培养基地，附设青少年队。

在满足上述四点要求后，足球体育俱乐部即可向足球协会进行申报，经批准后成为职业足球俱乐部队。

（三）业余体育俱乐部

1. 业余体育俱乐部的内涵

业余体育俱乐部指的是通过满足群众的健身娱乐要求的方式，开展广泛的群众性体育活动的自治体育团体，其主要目的是提高群众身体健康水平，主要形式是业余身体活动，主要任务是自由组织会员利用业余时间开展体育活动。

2. 业余体育俱乐部产生的基本条件

业余体育俱乐部产生的基本条件可从社会、体育及俱乐部自身三个方面进行分析。

（1）社会条件。社会条件是支撑业余体育俱乐部产生与发展的主要条件，主要包括四点：①国民经济相对发达；②人们有较多的闲暇时间；③社会稳定、自由民主气氛好；④政府的支持与重视。

（2）体育条件。从体育条件来看，业余体育俱乐部的产生与发展需要满足以下四个条件：第一，要有全国统一的体育组织对各个业余体育俱乐部进行业务领导、协调及监督；第二，要有一个完善的，能够调动各级体育组织，尤其是各级体育俱乐部积极性的竞赛制度；第三，要有一个能够容纳足够多群众且向群众免费开放的体育场馆；第四，要有专业的、接受过培训的体育辅导人员和俱乐部管理团队。

（3）俱乐部自身。从俱乐部自身条件来看，业余体育俱乐部的产生与发展需要满足以下四点：第一，业余体育俱乐部要有领导核心，同时要有挂靠单位；第二，业余俱乐部要有自己的运动场地，以保证日常活动的正常进行；第三，业余俱乐部选择的运动项目要有社会基础，具有广泛的参与人群；第四，业余体育俱乐部要有相应的启动资金，能够解决日常的开销问题。

第二节 商业体育俱乐部的运营

一、商业体育俱乐部经营的特点

商业体育俱乐部分为一般商业体育俱乐部和高级商业体育俱乐部，下面分别对这两个俱乐部的特点进行分析。

（一）一般商业体育俱乐部的特点

一般商业体育俱乐部的特点表现在以下几个方面。

1. 实质为商业企业

一般商业体育俱乐部是通过向消费者提供高质量的体育服务来获得相应的利益的。从市场角度来看，一般商业体育俱乐部活动中的消费者和俱乐部之间存在一种商品买卖关系，因此从实质上来说，一般商业体育俱乐部是商业企业。

2. 活动内容丰富多彩

一般商业体育俱乐部是以盈利为主要目的，其营业重点会放在如何满足消费者需求方面，而不同的消费者有不同的喜好，一般商业体育俱乐部也会举办各式各样的活动，活动内容丰富，品类繁多，且俱乐部中的各类设备也较为齐全，能够为不同需求的消费者提供特色服务。

3. 提供专家辅导与咨询

一般商业体育俱乐部作为商业企业，拥有完善的管理制度与人员聘用制度。为了能够向消费者提供专业的服务，一般商业体育俱乐部还会专门聘任体育专家为消费者的日常活动提供辅导与咨询，如协助消费者依据自身兴趣爱好、身体条件、健康情况等，选择合适的运动项目与器械。专家的辅导能够提升消费者的运动效果，同时也能为消费者解答疑惑，使消费者对在俱乐部进行活动更有热情。

4. 营业时间较长

一般商业体育俱乐部因属于市场经济产物，其主要目的是获取经济利益，因此，这类俱乐部的营业时间较长，这是为了尽可能延长消费者的消费时间。而在节假日期间，俱乐部的营业时间会比工作日更长，这样可以吸引更多的消费者根据个人安排选择合适的时间进行体育消费活动。

（二）高级商业体育俱乐部的特点

高级商业体育俱乐部不仅具有一般商业体育俱乐部的特点，同时其作为更高一级的商业体育俱乐部，也具有独特的特点。

1. 市场定位更细化

一般商业体育俱乐部的主要客户群体是社会大众，俱乐部门槛较低，只需消费即可成为俱乐部成员。但是高级商业体育俱乐部不同，其市场定位更加细化，面向的客户群体是具有高收入、高学历，或是家庭背景优渥的人，服务对象范围缩小，能够为客户提供更加专业的服务。

2. 运动项目更高雅

一般商业体育俱乐部开展的运动项目多为大众化群体项目，能够满足多数运动者的运动需求。高级商业体育俱乐部中虽然也提供这些大众化群体项目，但是营业的重点是高雅、时尚的运动项目，如网球、高尔夫球、台球等。

3. 功能定位更高端

一般商业体育俱乐部的定位是为社会大众提供能够强身健体、休闲娱乐的场所。高级商业俱乐部在一般商业体育俱乐部定位的基础上，将功能定位提升到了更高层次，主要为消费者提供运动、娱乐、社交等服务，消费者在此不仅能够进行运动，还能够进行商业贸易上的洽谈，扩大交友圈，丰富自己的社会资源，获得更大的利益。

4.管理形式更私密

一般商业体育俱乐部都采取开放式的经营方式，体育消费者只需付费，就能进入俱乐部进行体育消费活动。而高级商业体育俱乐部的入会需要满足一定的标准，俱乐部内部采取的也是会员制经营形式，对俱乐部会员的管理更有序，能够较好地保护客人的隐私。

二、商业体育俱乐部经营的主要内容

商业体育俱乐部是当前市场中常见的体育俱乐部形式之一。商业体育俱乐部作为商业企业，其主要通过三种方式吸引体育消费者：第一，提升服务质量，定期维修及更换练习设备；第二，聘请专业人士对俱乐部成员进行专业指导；第三，延长服务时间，降低服务费用。总的来说，商业体育俱乐部经营的主要内容包括以下五个方面。

（1）健身俱乐部。健身俱乐部是当前商业型体育俱乐部中较为常见的经营项目，它融合了体操运动、器械运动、田径运动等项目，能够为运动者提供全面的健身服务。在健身房中，各类器械占地面积小，运动者可以体验多项运动项目，这对需要节约场地和提高场地利用率的商业体育俱乐部来说吸引力极大。此外，健身房中的各类器械的速度和运动者的具体运动量都由运动者自己调节，因此健身房的包容性很强，无论哪类消费者都能在健身房中进行锻炼。

（2）游泳池。游泳池是商业体育俱乐部中常见的场地之一，游泳能够给运动者带来良好的运动体验，因此爱好这项运动的消费者数量不断上涨。近年来，多数商业体育俱乐部均建有游泳池，以满足消费者的游泳需要。游泳池的类型包括以下三种。

①室内游泳池。室内游泳池的水温、室温均可控制，且不受天气和季节的影响，消费者可随时进行运动，因此室内游泳池特别受消费者青睐。但是，室内游泳池的造价较高，且商业体育俱乐部多开办在商业较为发达的区域，这部分地区的房价贵，为了节省成本，一般室内游泳池都建得很小。而远离繁华地段的商业体育俱乐部中的室内游泳池则相对较大。

②室外游泳池。室外游泳池受天气、季节影响较大，一般在南方，室外游泳池可在春、夏、秋季使用，但在北方只能在夏季使用。同时，室外游泳池因暴露在外部，水质的保洁和温度的控制难度都要大于室内游泳池。但与室内游泳池的封闭环境相比，室外游泳池拥有开阔的视野，空气也比较清新，使人能够在轻松的氛围中进行身体锻炼，因此室外游泳池颇受爱好自然的运动者喜爱。

③室内外综合型游泳池。室内外综合型游泳池是室内游泳池与室外游泳池的综合，其既有室内游泳池的优点，也有室外游泳池的优势。室内外综合型游泳池的天棚是可活动的，能够按照天气的变化与消费者的需要自由控制。但是这种全自动设备天棚的结构比较复杂，工程造价高，所需花费的保养和维修费用要远远高于普通游泳池的费用。

（3）高尔夫球场。高尔夫球场常见于高端商业体育俱乐部中，其建设要求高，需要一片面积不小于60公顷，且具有良好绿化环境的丘陵地带。高尔夫球场主要有高尔夫球练习场、模拟高尔夫球场、城市高尔夫球场三种类型，具体分析如下。

①高尔夫球练习场。高尔夫球练习场主要是为爱好高尔夫球运动的练习者所开设的，其场地面积要小于正规的高尔夫球场，一般只有100～200平方米。这类练习场因占地面积不大，通常开设在离市区较近的俱乐部内，这样能够吸引更多的高尔夫球爱好者。

②模拟高尔夫球场。顾名思义，就是利用现代科学手段，模拟出一个或几个高尔夫球场的场景，运动者在这个模拟环境中，能够进行模拟

击球。一般的模拟高尔夫球场会在面积约为 50 平方米的房间内，利用幻灯机及投影仪模拟出 100 多公顷球场的场景，并按照运动者的力度和方向，将球的飞行轨迹投射到屏幕上，给消费者真实的击球体验感。

③城市高尔夫球场。城市高尔夫球场也称作微型高尔夫球场。这种球场是建设者用水泥、木材等材料作出各类具有不同障碍的球道与球洞。同时，在场地内只有推击杆，没有开球杆，球杆的长度也没有正常球杆长，能够满足一般高尔夫球爱好者的运动需求。

（4）网球场。网球运动在经济发达国家兴起的时间较早，普及率也较高。网球运动在我国得到正式传播始于 19 世纪 30 年代，普及率远不及国外，参与者多为家庭背景良好的官宦人家子女或在华留学教书的外籍人士。近年来，随着我国建设体育强国目标的提出，网球运动发展十分迅速，以网球为主的商业性体育俱乐部也顺势而为，迎来了新的发展机遇。网球场地可分为室内场地与室外场地两种，而室外的网球场地又分为草地、沙地、塑胶场地等，不同的场地适合不同网球技术打法的选手。网球场地的修建成本较高，因此也只有具备雄厚经济实力或固定营收的俱乐部才会选择建设网球场地。

（5）其他项目。随着体育行业竞争的不断加剧，商业体育俱乐部仅经营一种项目已难以满足不同层次、不同爱好的消费者的需求，若不懂得因势而变，就会渐渐在市场竞争中失去优势。因此，大多数俱乐部都在经营自己基础业务的同时，开发了其他大众性健身项目，以吸引更多的消费者。此外，有些俱乐部还出资添加了许多娱乐配套设施，如 KTV、网吧、游戏厅、酒吧等，争取能够吸引更多的休闲娱乐爱好者的目光。

三、商业体育俱乐部的市场化运营与实践——以健身俱乐部为例

作为服务行业的商业健身俱乐部与其他的商业性企业一样，都是以追求高额利润回报为主要目的。在商业健身俱乐部的运营管理中，最为重要的就是对人的管理，其中包含对会员的管理与对俱乐部内部工作人

员的管理。对于会员的管理需要利用会员制来实现,对俱乐部人员的管理需要对内部的管理人员、健身教练等进行人力资源管理。

商业健身俱乐部只有不断地研究、分析市场营销环境的变化,制定相应的营销策略,把握住营销环境变化的趋势,善于寻找和利用机会,并依据环境的变化调整营销策略,才能在竞争中取得一定地位。

(一) 会员制与会员服务

俱乐部会员制是指能够提供餐饮、住宿、健身、娱乐等项目的服务机构,给予定期缴纳一定数量会费的会员以各种优惠和方便的经营形式。商业健身俱乐部普遍采用的是会员制。在为会员提供服务的同时,也适当扩大至为会员以外的客人服务,但在服务和价格上对会员更加优惠。推行会员制可以使俱乐部较快达到一定规模,并通过规模运营创造良好的业绩。为俱乐部会员提供诸多超值服务,包括非健身性质的服务是发展会员制度的有力手段。目前,会员制消费已经成为消费者普遍接受的一种日常消费方式,是企业与消费者之间的制度模型中最为重要的组织形式之一。

商业健身俱乐部普遍采用入会制,管理制度是会员制、一对一服务,也就是说每一个会员都有对应的一个顾问为其服务。有些会员还有自己的私人教练。从会员入会前到成为会员后以及此后的延伸服务,可以使消费者享受会员制的增值服务。同时,俱乐部也不排除开放式的经营方式,非会员消费者也可以进入俱乐部从事体育健身消费活动。

商业健身俱乐部会员制的有关规章制度在会员入会时应以书面形式交予会员阅览,接待人员要耐心、详细地解答会员的问题,帮助会员清晰地理解有关条款。待会员同意遵守并签字认可后,合约才具有法律效力。如图 5-1 所示。

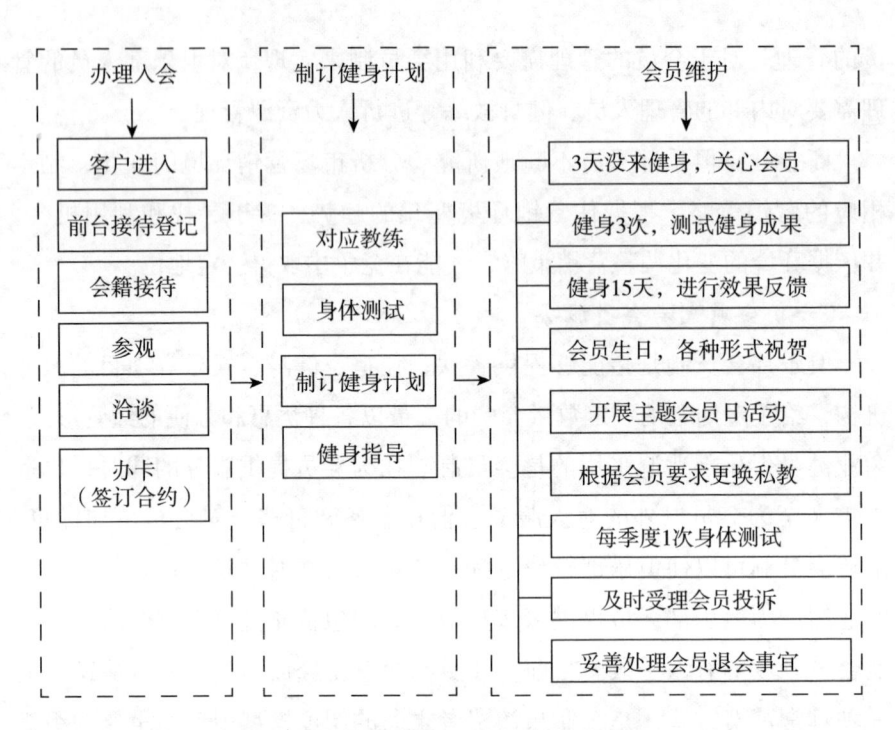

```
┌─────────────────┬─────────────────┬──────────────────────────────┐
│    办理入会     │   制订健身计划  │          会员维护            │
│       ↓         │       ↓         │            ↓                 │
│  ┌──────────┐   │                 │  ┌────────────────────────┐  │
│  │ 客户进入 │   │                 │  │ 3天没来健身，关心会员  │  │
│  └──────────┘   │                 │  └────────────────────────┘  │
│  ┌──────────┐   │  ┌──────────┐   │  ┌────────────────────────┐  │
│  │前台接待登记│  │  │ 对应教练 │   │  │ 健身3次，测试健身成果  │  │
│  └──────────┘   │  └──────────┘   │  └────────────────────────┘  │
│  ┌──────────┐   │  ┌──────────┐   │  ┌────────────────────────┐  │
│  │ 会籍接待 │   │  │ 身体测试 │   │  │ 健身15天，进行效果反馈 │  │
│  └──────────┘   │  └──────────┘   │  └────────────────────────┘  │
│  ┌──────────┐   │  ┌──────────┐   │  ┌────────────────────────┐  │
│  │   参观   │→  │  │制订健身计划│ │  │ 会员生日，各种形式祝贺 │  │
│  └──────────┘   │  └──────────┘   │  └────────────────────────┘  │
│  ┌──────────┐   │  ┌──────────┐   │  ┌────────────────────────┐  │
│  │   洽谈   │   │  │ 健身指导 │   │  │   开展主题会员日活动   │  │
│  └──────────┘   │  └──────────┘   │  └────────────────────────┘  │
│  ┌──────────┐   │                 │  ┌────────────────────────┐  │
│  │   办卡   │   │                 │  │ 根据会员要求更换私教   │  │
│  │(签订合约)│   │                 │  └────────────────────────┘  │
│  └──────────┘   │                 │  ┌────────────────────────┐  │
│                 │                 │  │   每季度1次身体测试    │  │
│                 │                 │  └────────────────────────┘  │
│                 │                 │  ┌────────────────────────┐  │
│                 │                 │  │   及时受理会员投诉     │  │
│                 │                 │  └────────────────────────┘  │
│                 │                 │  ┌────────────────────────┐  │
│                 │                 │  │  妥善处理会员退会事宜  │  │
│                 │                 │  └────────────────────────┘  │
└─────────────────┴─────────────────┴──────────────────────────────┘
```

图 5-1　某商业健身俱乐部会员服务流程

（二）商业健身俱乐部的服务管理

商业健身俱乐部要把创新贯穿于管理的各个环节，不断激发消费者的健身热情，开发健身者新的兴趣点，引领消费者的健身行为上升到一个新的层次。为了提高健身俱乐部的服务质量、满足不同会员的消费需求，必须加强俱乐部服务人员的专业技能和服务规范的培训，提高员工工作的自觉性，授权一线员工一定的判断范围和处理权，提高服务质量与绩效。对会员身心健康的各个方面实施管理和监控，为会员提供全方位、多层次、细致周到的服务。

硬件服务与软件服务是相辅相成、互为依托的。硬件设施的完好是综合管理水平的体现，而俱乐部服务水平的提高又是以精良的健身设备为依托的，如图 5-2 所示。

第五章 体育俱乐部的发展

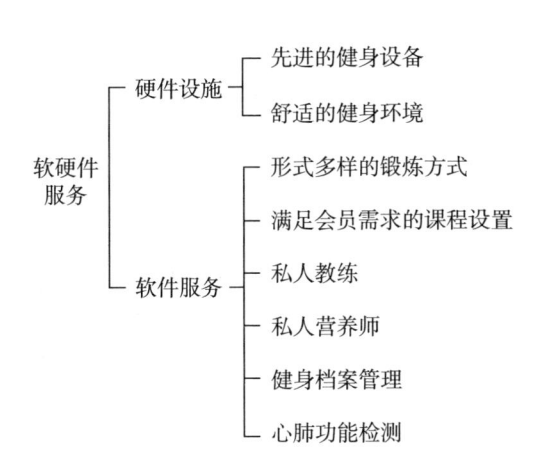

```
              ┌─硬件设施─┬─先进的健身设备
              │         └─舒适的健身环境
软硬件         │
  服务         │         ┌─形式多样的锻炼方式
              │         ├─满足会员需求的课程设置
              └─软件服务─┼─私人教练
                        ├─私人营养师
                        ├─健身档案管理
                        └─心肺功能检测
```

图 5-2　商业健身俱乐部的软硬件服务示例

（三）商业健身俱乐部的教练员管理

商业健身俱乐部的服务质量直接决定其后期吸纳会员的数量。服务质量是判断消费者对俱乐部所提供的服务与消费者期望之间差距的重要因素。服务质量的评价内容主要包括设施的平时保养与维护、服务时间与突发事件处理速度、服务人员的态度等。

为了提升商业健身俱乐部的服务质量，更好地满足会员的不同消费需求，俱乐部经理需要加强对俱乐部服务人员的专业技能训练，定期对服务人员进行考核，懂得调动服务人员的热情与积极性，从而提升消费者在俱乐部的消费满足感，成为俱乐部的长期会员。

（四）商业健身俱乐部的财务管理

商业健身俱乐部在制订财务管理计划时，需要考虑的内容包括会员招聘的支出、会员招聘的奖励费用、俱乐部日常管理成本等。一般来说，俱乐部的财务管理计划分为三个部分，分别为收支计划、资金周转计划以及资金调度计划，具体内容如图 5-3 所示。

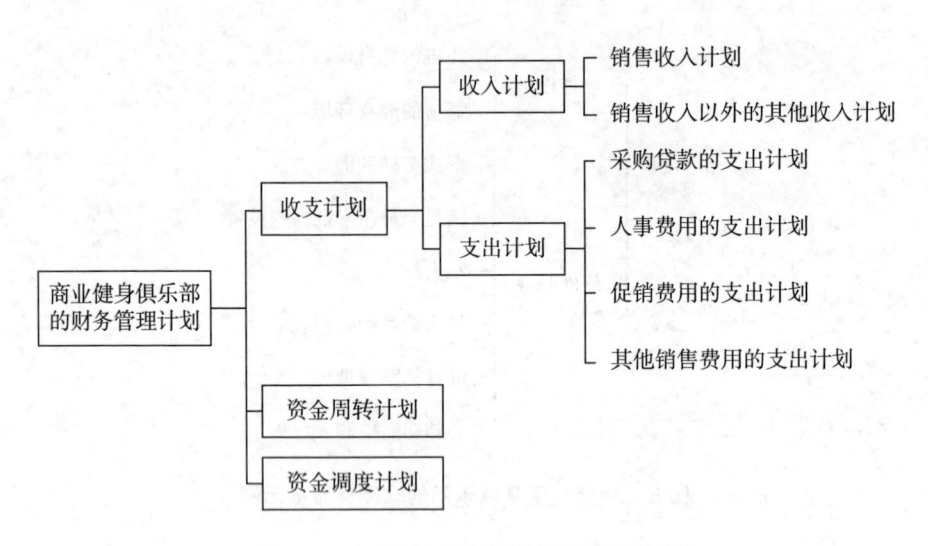

```
                                              ┌─ 销售收入计划
                              ┌─ 收入计划 ─┤
                              │              └─ 销售收入以外的其他收入计划
                              │
                              │              ┌─ 采购贷款的支出计划
             ┌─ 收支计划 ──┤              │
商业健身俱乐部 │              └─ 支出计划 ─┤─ 人事费用的支出计划
的财务管理计划─┤                             │
             │                             │─ 促销费用的支出计划
             │                             │
             │                             └─ 其他销售费用的支出计划
             ├─ 资金周转计划
             └─ 资金调度计划
```

图 5-3 商业健身俱乐部的财务管理计划

俱乐部的工作人员需要对财务管理计划内容做到心中有数，同时准确记录实施情况，以实际数字代表俱乐部的客观运作状态，只有这样才能在后续的管理中获得良好的财务收益。

第三节 职业体育俱乐部的运营

一、职业体育俱乐部运营的特点

职业体育俱乐部的出现是职业体育发展的自然结果，标志着竞技体育比赛转变为市场上可交换的商品。这些俱乐部是体育与商业融合的产物，其核心业务是将高水平的体育比赛和相关产品作为市场上可交易的商品，以此获得经济收益。作为适应市场经济的现代职业体育组织，职业体育俱乐部在经营上展现出三个特点。

（一）职业体育俱乐部将体育竞赛当作媒介，将体育服务作为商品

职业体育俱乐部的经营活动是通过提升运动员的运动技能与优化竞赛活动的组织、策划、营销等环节，促使竞技体育竞赛成为消费者的消费对象。同时，职业体育俱乐部还利用运动员精湛的技术与人格魅力、比赛的激烈氛围，使消费者产生一定的消费需求。

（二）职业体育俱乐部将盈利作为发展的主要目标

职业体育俱乐部的日常经营方式是在市场经济环境中，按照市场经济规律来经营竞技体育，将竞技体育与经济相结合，并利用体育竞赛表演及有关产品，满足社会需要，获得经济利益，使俱乐部得到发展。职业体育俱乐部经营的重点目标是获得更多的经济利益，这是其在市场经济中保持竞争力的必然要求，也是俱乐部实现正常经营的现实需要。

（三）职业体育俱乐部是拥有资产或经费的企业性法人实体

职业体育俱乐部作为职业体育的基本组织形式之一，是拥有资产或经费的企业性法人实体，组成者包括经营者、管理者、运动员及教练员。任何一位职业体育俱乐部的投资者在投资前，都要对俱乐部的未来收益情况进行预估，并追求经营利润最大化，使资本在运作过程中不断增值。在职业体育俱乐部中，运动员是最重要的"资产"，特别是明星运动员具有更高的价值。一个职业体育俱乐部能够拥有更多的明星运动员，也就能吸引更多的观众、更高的电视转播费与更多的赞助商，从而获得更多的经济利益。因此，在某种程度上可以认为，职业体育俱乐部的价值决定了体育职业队的价值，而体育职业队的价值又受制于与俱乐部签订合同的运动员的价值，如图5-4所示。

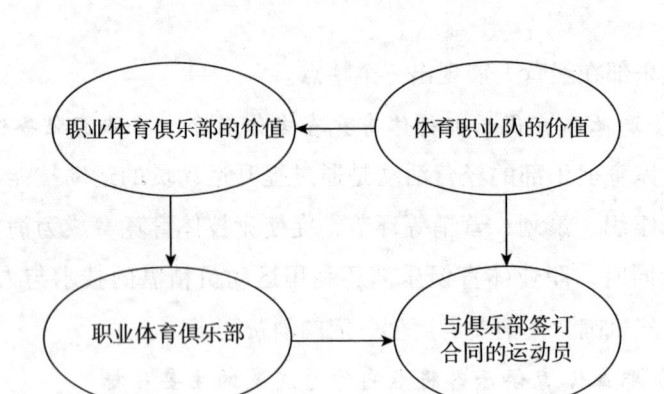

图 5-4　职业体育俱乐部、职业体育俱乐部的价值、体育职业队的
价值以及运动员之间的关系

职业体育俱乐部提供的商品是体育竞赛娱乐服务，构成服务的主要要素是运动员在竞赛中展现的运动技能，因此，从实际层面来看，职业体育俱乐部中的运动员在实际竞技比赛中展现出来的竞技水平是保障职业体育俱乐部生存的基础。而随着职业体育俱乐部举办竞赛次数的增多和竞赛级别的提高，观众的积极性会逐渐提升，俱乐部能够获得更高的门票销售额和电视转播权价格。此外，俱乐部中运动员竞赛水平的提升，也会对观众形成更大的吸引力，这为职业体育俱乐部拓展更大的市场提供了新的空间。

二、职业体育俱乐部的管理体系

（一）各级管理者职责

职业体育俱乐部的一般经营管理模式可分为三级经营管理体制，如图 5-5 所示。最上层是全国体育（项目）协会，中层是全国体育（项目）职业联盟，最基层是各地方职业体育俱乐部。其具体职责分别如下。

```
┌─────────────────────┐
│ 全国体育（项目）协会 │
└──────────┬──────────┘
           ↓
┌─────────────────────┐
│全国体育（项目）职业联盟│
└──────────┬──────────┘
           ↓
┌─────────────────────┐
│  各地方职业体育俱乐部 │
└─────────────────────┘
```

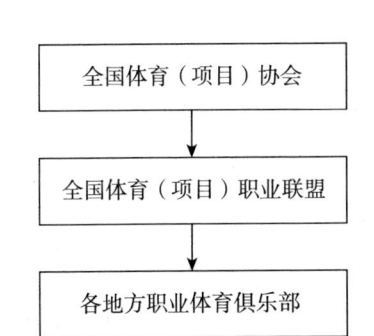

图 5-5 职业体育俱乐部一般经营管理模式

1. 全国体育（项目）协会的职责

全国体育（项目）协会的职责是提出各种政策、法规。

2. 全国体育（项目）职业联盟的职责

一个理想的职业运动协会除了确定职业队的数量和合理分布及合理分配新队员外，还必须善于利用本身的地位优势和有利条件努力创收，协助所属各职业俱乐部解决部分经费问题。各职业运动协会手中最大的优势就是它所垄断的职业队的各类比赛。围绕着这些比赛而产生的电视转播权、冠名权、场地广告权和专利权是各职业联盟经费的来源。

3. 各地方职业体育俱乐部的职责

各地方职业体育俱乐部负责具体的有关职业运动队的建设和管理。职业运动员和职业教练员是职业运动队的基础和核心，其水平与质量直接影响着职业运动队以及职业体育俱乐部的命运，因此对职业运动员和教练员的管理对职业运动队来讲意义重大。

（二）职业运动员的管理

职业运动员是职业运动队的基础和灵魂，其水平与质量直接影响着职业运动队以及职业体育俱乐部的命运。因此，各个职业体育俱乐部和运动队都注重运动员管理，使之发挥最大效益。对职业运动员的管理一般遵循以下两点。

1. 法制管理原则

法制管理是指严格按照法律、规章、制度和合同来进行管理，这些法律、规章、制度和合同起到引导、规范和保障作用。

2. 价格法则

职业运动员的工资和奖金是其运动水平和业绩的标志。水平越高，业绩越好，所获得的报酬就越多。价格法则已被职业体育俱乐部普遍采用，并发挥了明显的激励作用，激励运动员奋发图强，努力拼搏。

三、职业体育俱乐部的市场化运营与实践——以辽宁男篮为例

（一）职业体育俱乐部市场化运营的主要内容

职业体育俱乐部是一个经营实体，其主要经营活动是支撑职业体育俱乐部生存的基础，也是实现俱乐部经济上独立核算、自负盈亏、实行合同制的前提条件。下面对职业体育俱乐部经营的主要内容进行分析。

1. 组织门票收入

职业体育俱乐部需要依靠自身的实力去筹集支撑俱乐部发展的资金，组织门票收入是俱乐部最基本的经营收入。在职业俱乐部的日常经费来源中，门票收入最低也会占50%左右。观众越多，门票收入越高，代表职业体育俱乐部的实力越强，因此门票收入也成为判定俱乐部经营水平高低与比赛水平高低的主要因素。职业体育俱乐部拥有的明星选手能够为俱乐部带来可观的门票收入。

除了观众数量会对门票收入造成影响外，俱乐部在门票销售时的定价也会对总体门票收入造成影响。职业体育俱乐部在制定门票价格时，要对本地区居民的收入情况进行调查分析，合理安排每一等级门票的价格，以保证不同经济收入水平的观众都能按需购买门票。在门票的销售方面，职业体育俱乐部可以将主场经营权出让给专业机构，或者打造豪华观赛包厢，提供额外的餐饮、娱乐等服务，这都能在无形中增加职业体育俱乐部的门票收入。

2.经营广告业务

职业体育俱乐部中能够经营的广告业务很多，如场地广告、比赛服装与器材上的广告、门票广告、赛场实物广告等。从广告厂商自身来说，其需要利用体育俱乐部举行的比赛扩大自己的知名度，向观众推销与售卖自己的产品。从体育广告的优势来说，体育比赛的观众人数多，电视转播时间长，能够获得良好的广告宣传效果，因此广告厂商愿意出高价向俱乐部购买广告位。

在市场经济环境下，各类产品与品牌层出不穷，一家企业要想使自己的产品始终在市场中占据主导地位，需要进行持续不断的广告宣传，从而在消费者心中留下深刻的印象，因此，各个企业的广告越来越多，这在无形中增加了俱乐部的广告收入。

俱乐部经营的广告业务也可通过接受各类赞助的形式进行。赞助商可以利用资助俱乐部或俱乐部队员的形式来提升自身的知名度和推销产品。广告赞助的形式包括现金、实物以及提供某些便利，具体表现为向俱乐部提供训练与比赛的费用、交通及食宿、参赛服装等。

3.出售电视转播权

出售电视转播权是职业体育俱乐部的经营活动内容之一，同时也是增加职业体育俱乐部经费的主要渠道。在国外，电视转播权的出卖一般是俱乐部从多家电台中选择出价最高的一家作为转播权的获得者。出售电视转播权的形式是集中销售，体育协会进行统一掌管，各参赛俱乐部从中收取一定的比例分成。但是，在有些国家，职业体育俱乐部自己直接与电视台进行接洽，尤其在商业性比赛中，这种情况最为常见，因为这样俱乐部能够直接获得收入。

随着科学技术的发展，体育赛事的转播质量得到有效提升，与此同时，手机、平板电脑等媒介不断更新，也为电视转播提供了更便捷的平台，这进一步提升了电视转播费在职业体育俱乐部收入结构中的比重。

4. 开发球迷用品与经营第三产业

职业体育俱乐部一般都有固定的会员与球迷，这部分群体为职业体育俱乐部球迷用品的开发提供了稳定的客源。职业体育俱乐部还可授权有关企业开发带有俱乐部标志的产品，如帽子、运动服、迷你挂件、球场模型、纪念章等。

职业体育俱乐部要想实现可持续发展，除了要经营上述几项内容外，还要积极拓展思维，经营第三产业。例如，俱乐部可充分利用自己的场地为其他消费者提供有偿训练、创办主题公园、推出俱乐部观光旅游等活动，以获得相应的经营收入。

（二）辽宁男篮职业体育俱乐部的品牌传播及实践

2018年4月，习近平总书记在湖北考察时明确指出："高质量发展就是体现新发展理念的发展，是经济发展从'有没有'转向'好不好'。"在这样的大背景下，职业体育俱乐部作为职业体育发展的基石，其高质量发展对于激发体育竞赛表演行业的活力、满足人民群众日益增长的体育文化需求具有重要作用。

职业体育俱乐部的规范化运作是实现高质量发展的基本前提，对提升国家体育水平、促进群众体育发展和繁荣体育产业都至关重要。职业体育俱乐部的健康发展不仅依赖于它的运营和管理质量，也受品牌影响力的驱动。这种影响力与受众支持紧密相连，影响力强的俱乐部能更好地满足观众的审美需求，增强观众的归属感，从而构建并加固其品牌形象。在当今时代，职业体育俱乐部的品牌传播策略显得尤为重要。一个成熟而有效的品牌传播策略不仅能赢得受众的广泛支持，还能全面、立体地推广俱乐部的积极形象，这也是市场化运营的一种表现。通过这种方式，职业体育俱乐部不仅能够在竞争激烈的市场中脱颖而出，也能为推动我国体育事业的整体进步作出贡献。

辽宁省作为中国著名的体育强省，其男篮队在中国职业篮球联赛（CBA）中占据着举足轻重的地位，已经完成了国内男子篮球所有主要赛事的冠军收集。然而，在我国体育水平持续提升的当下，一个职业体育俱乐部的影响力不仅取决于其赛场成绩，还在于它如何构建和传播自己的品牌形象。下面将以辽宁男篮为例，分析其在新媒体时代如何利用微博、短视频等平台进行品牌传播，探讨适用于职业体育俱乐部的传播策略和实际操作。

辽宁男篮作为CBA中的资深队伍，在中国职业体育界享有极高的声誉。近年来，该队有效利用微博、短视频等新媒体渠道，在品牌传播方面取得了显著成就。通过对辽宁男篮微博内容的分析，我们可以总结出一套适合新媒体环境的职业体育俱乐部品牌传播策略，这对于推动中国体育事业的发展与整体品牌传播具有重要意义。

1. 微博助力体育俱乐部品牌传播

微博平台在促进职业体育俱乐部品牌传播方面扮演着重要角色。由于职业体育俱乐部与媒体之间的密切共生关系，微博这一迅速普及的社交媒体平台成为俱乐部关注的焦点。根据《2020年中国微博用户行为研究报告》，微博的月活跃用户达到5.23亿人次，每天有2.29亿人次的活跃用户。在这些用户中，30岁以下的用户占77%，显示出年轻用户在微博上占据主导地位。因此，职业体育俱乐部通过微博可以更有效地接触和吸引目标受众群体，增强受众的品牌忠诚度。

微博的用户基数庞大且具有高度互动性。在微博上，球星之间、球星与粉丝之间以及粉丝群体之间的互动都成为粉丝关注的焦点。球星在这里不仅是体育明星，还是普通人，他们像粉丝一样浏览微博，分享个人的情感和日常，这使得他们的生活成为粉丝关注的对象。此外，微博的全媒体表现形式也是其吸引力之一。与其他新媒体平台相比，微博能够综合利用视频、图片和文案等形式进行品牌宣传。用户只需注册一个微博账号，就能获取与俱乐部相关的各类信息。在短视频日益流行的今天，视频资源因其直观性和强烈的视觉冲击力，相对于纯文本或图片微博，成为更有效的传播手段。

2. 辽宁男篮借助微博进行品牌传播的策略

在当今社会，即使再优秀的产品也需要有效的宣传才能获得成功，这对职业体育俱乐部来说尤为重要。一个职业体育俱乐部的品牌影响力不仅取决于其在体育比赛中的表现，还与其宣传策略密切相关。因此，俱乐部应当更加重视品牌传播，并充分利用微博这一拥有庞大用户基数和高度互动性的全媒体平台，提高品牌知名度和影响力。

（1）"官方微博+自媒体"，准确把握球迷诉求。职业体育俱乐部为了更好地满足球迷的需求，应采用综合的传播策略，结合官方微博和自媒体的力量。官方微博虽然权威且严谨，但在信息更新速度和信息量上存在一定局限。为了克服这些限制，俱乐部可以依靠一些有影响力的自媒体来补充和增强信息传播。

自媒体在品牌传播中扮演着多重角色：首先，它们为球迷解释他们不理解的内容，如赛事规则和格式；其次，它们作为球迷意见的收集平台，引导球迷互动；最后，自媒体通过提供全方位内容，增强俱乐部的品牌传播能力。

（2）职业体育俱乐部要注重与球迷的互动。

①线上线下活动相结合，拉近粉丝与偶像的距离。辽宁男篮激励其明星球员通过微博分享比赛、训练和日常生活的点滴，以增加球队的人气。此外，辽宁男篮还在鞍山、辽阳、本溪等地举办球迷友谊赛，并在学校开展"篮球进校园"活动，既提升了球队的社会形象，又为粉丝提供了近距离接触偶像的机会。

②利用球迷会力量，打造影响力。辽宁男篮拥有国内较强大的球迷团体，几乎每个地级市都有自己的球迷组织，这些组织拥有自己的微博账号和粉丝群体，在球队的客场比赛中为球队提供大力支持，常常使客场变为"主场"，从而增强了球队的影响力。

③提升官方微博的运营水平，采用接地气的官博风格。利用微博热搜、话题和超话等功能来提高互动。通过建立"辽宁男篮"超话，为热

爱辽宁篮球的球迷提供了一个专门的讨论区域，球迷们可以自由发表观点，寻找志同道合的朋友。同时，通过微博热搜话题，辽宁男篮可以向更广泛的群体展示其风采，吸引新粉丝，扩大球迷基础。

要实现有效的品牌传播，职业体育俱乐部的新媒体运营团队必须具备专业知识并对体育有深刻理解。团队成员，特别是负责新闻采编的人员，需要具备专业能力，确保对比赛的分析和战报描述准确无误。发布球队相关消息时，应追求"快速、精确、稳定"，及时发布战报、分析总结和现场图片。此外，官方微博的个性化和创意内容也极为关键。

随着互联网技术的发展，微博凭借其强大的互动性和全媒体表现形式，已成为许多职业体育俱乐部品牌传播的首选平台。俱乐部要想在品牌传播上取得成功，就必须有效利用官方微博和自媒体，加强与受众的互动，丰富线上线下活动，缩短与球迷的距离。同时，俱乐部还需要密切关注受众需求的变化，调整传播内容，注重在品牌推广策略中展现俱乐部的积极形象，以满足球迷的情感需求，增进球迷对俱乐部的了解和热爱，从而提升球迷对职业体育俱乐部的忠诚度。

第四节　业余体育俱乐部的运营

一、业余体育俱乐部运营的特点

从业余体育俱乐部自身来说，它具有以下几个特点。

（一）自愿性

参与业余体育俱乐部的会员多为自愿，不受人强迫，也不受到任何约束。除去少数业余体育俱乐部可能存在门槛限制，大多数的业余体育俱乐部都面向所有群众。任何人，无论年龄、性别、宗教、职业、文化程度等，只要能承认俱乐部的章程，并定期缴纳会费，均可参与到俱乐部的日常活动中。

（二）民主性

民主性指的是业余体育俱乐部的负责人均由业余俱乐部的成员民主选举产生，会员拥有民主权利。业余体育俱乐部的负责人与普通会员之间是平等的关系，不存在从属或雇佣关系，这是业余俱乐部与职业体育俱乐部、商业体育俱乐部的主要区别。

（三）公益性

业余体育俱乐部从本质上来说，是一个公益性组织，其运转需要依靠两点：一是时间，即会员需要奉献自己的时间参与到俱乐部的日常工作中；二是金钱，即会员需要缴纳会费或进行无偿捐赠。因此，业余体育俱乐部的财产与盈利都归集体所有，任何人都不能独自占有。

（四）独立性

业余体育俱乐部作为一个自治组织，独立自主是俱乐部实现长期发展的灵魂。业余体育俱乐部与职业体育俱乐部、商业体育俱乐部相比，没有固定的财力支持，管理人员可能也不够专业，因此要想获得长期发展，需要全体会员都具有奉献精神。此外，即使俱乐部接收了他人的捐赠或赞助，也不能对俱乐部的独立性造成影响。

二、业余体育俱乐部经营的主要内容与运作管理

（一）业余体育俱乐部经营的主要内容

业余体育俱乐部作为一个非营利性、业余、自治的群众性社会体育组织，其经营管理工作的核心是巩固与壮大业余会员队伍，实现俱乐部的正常运转与长久发展。总体而言，业余体育俱乐部经营的主要内容包括以下三个方面。

1. 满足会员的不同需要

为了能够吸引更多的会员加入业余体育俱乐部，最大限度地满足各类会员的需要，业余体育俱乐部当前采取的主要经营措施包括以下四点。

第一，积极组织青少年及成人会员参与各类比赛。

第二，积极组织会员开展多种形式的体育锻炼、竞赛、游戏活动等。

第三，特殊节日举行团建活动，增强会员的凝聚力。

第四，举办与健康、健美有关的讲座，帮助会员提升生活质量。

2. 激发会员的参与感

俱乐部要激发会员的参与感，提高俱乐部的亲和力、向心力及凝聚力，要使会员能够从俱乐部活动中获得成长，对俱乐部产生依赖感。同时，俱乐部还要经常召开会员大会，及时向会员传达信息，共同进行重要事务的讨论。此外，俱乐部要授予为俱乐部作出贡献的运动员和工作人员"荣誉会员"称号，并发放适当奖励，从而激发会员的荣誉感与奉献精神。

3. 扩大资金来源

业余体育俱乐部的经费需要依靠俱乐部自身进行筹集，俱乐部会员缴纳的会费是一个重要来源。因此，业余体育俱乐部要尽可能扩大会员的数量，从而获得更多的会费收入。同时，业余俱乐部要多举办活动，获得门票收入、广告赞助收入等。此外，俱乐部还可有偿向非会员消费者开放一部分场地及设施，或是在会员中开展募捐及义卖活动，获得相应的经营收入。

（二）业余体育俱乐部的运作管理

业余体育俱乐部的运作管理包括业余体育俱乐部的外部管理和业余体育俱乐部的内部管理两个层面，具体分析如下。

1. 业余体育俱乐部的外部管理

业余体育俱乐部作为体育社会化过程中的基层组织和有效载体，它的发展水平在一定意义上也证明了一个国家体育社会化的发展程度，且对国家体育事业的发展具有重要影响。因此，当前各个国家都在大力支持业余体育俱乐部的发展，将其当作一项公共福利事业，并在政策、经费、场地建设与使用方面给予大力支持。

从宏观方面来说，政府作为业余体育俱乐部的外部管理主体之一，其主要的管理措施为宏观调控，表现为政府利用财政、行政、法律等手段，如制定并发布有关法律、法规，对体育俱乐部提出一些必须履行的要求和需要遵循的原则；颁布对体育俱乐部收入进行免税等特殊优惠政策；向体育俱乐部免费开放公共体育场馆等；向不能自负盈亏的俱乐部提供适当的经费补助。

从微观方面来说，业余体育俱乐部主要是由体育协会和项目管理中心对其进行行业管理。在德国，业余体育俱乐部主要是由德国体育联合会进行管理，德国体育联合会由各个州及体联、各个单项运动协会及行业协会组成，主要工作内容是对全国群众体育、竞技体育等体育工作进行领导、组织、协调与监督。德国体育联合会将为全体公民提供良好的生活和健康服务作为管理业余体育俱乐部的主要原则。而在日本，社会体育俱乐部作为开展社区及居民体育的群众性体育组织，受到日本社区体育俱乐部协会的管理，其目的主要是培养和管理社区体育指导员和管理员，建立研修中心，出版书籍，为俱乐部提供信息服务手段，促进社区俱乐部的发展。

在我国，体育管理部门具有双重身份：一是作为管理主体，代表国家行使管理和维持市场秩序、裁决市场参与者之间争议的权利；二是作为国家财产所有者代表，要对由社会投资兴办的体育俱乐部及其市场行为进行监管。但是这种"官办不分离、政企不分开"的模式，成为制约我国业余体育俱乐部管理发展的主要因素。因此，国家体育总局下发有关文件，明确表示政府将不直接参与俱乐部的事务管理，也不干预俱乐部的日常事务，使俱乐部摆脱行政机构的支配，能够按照市场需要进行自主活动。

2. 业余体育俱乐部的内部管理

业余体育俱乐部的内部管理即自我管理，管理者由俱乐部内部成员通过民主投票产生，而为俱乐部提供服务的是被招聘来的志愿者。一个成熟、完善的业余体育俱乐部的组织结构如图5-6所示。

```
                        ┌─ 主席团
                        ├─ 管理顾问和咨询委员会
                        ├─ 成人体育部
                        ├─ 青少年体育部
业余体育俱乐部的组织结构 ─┤
                        ├─ 管理部
                        ├─ 市场部
                        ├─ 场地部
                        └─ 财务部
```

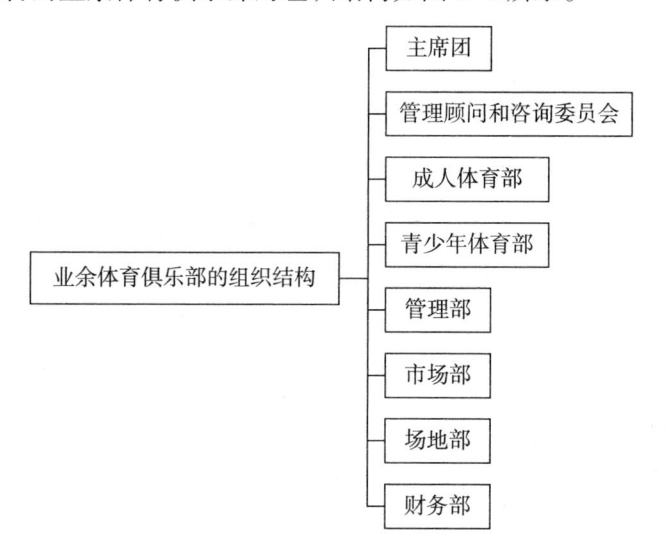

图5-6　业余体育俱乐部的组织结构

在业余体育俱乐部的组织结构中，主席团的主席是整个俱乐部的法人代表，也是俱乐部的核心，其社会地位、经济实力、领导能力对业余体育俱乐部的发展具有十分重要的推动作用；管理顾问和咨询委员会是业余体育俱乐部的咨询机构，主要由掌握专业知识的各学科专家组成；成人体育部是业余体育俱乐部的主体，下面分设竞技体育组、群众体育组以及其他项目组；青少年体育部则主要负责青少年的业余体育活动；管理部负责业余体育俱乐部的日常管理事务；市场部负责业余体育俱乐部的会员招募活动；场地部需要协调及分配俱乐部日常活动的场地；财务部需要负责俱乐部的资金流动，确保俱乐部的正常运转。

三、业余体育俱乐部的市场化运营与实践——以南宁市青少年网球俱乐部为例

（一）青少年网球俱乐部简述

青少年作为国家的未来，他们在体育中的参与是构建全民体育强国的基础。全民健身的理念旨在让所有人参与体育运动，青少年群体在其中扮演着关键角色。通过掌握基本的体育技能，青少年可以逐渐培养终身运动的习惯，这对成功实施全民健身计划至关重要。

近年来，体育教育改革不断深化，体育已经成为中国教育体系中不可或缺的一部分。具体而言，2018年，体育科目正式被列为中学升学考试的第四大主要科目，并引入了游泳、足球、篮球、网球等项目作为考核内容。这一举措旨在响应党的十九大提出的教育改革要求以及贯彻落实《国务院办公厅关于强化学校体育促进学生身心健康全面发展的意见》（国办发〔2016〕27号）。为了激发中学生对体育运动的兴趣和参与度以及提高课外锻炼的强度，特别是为了普及和发展校园网球，教育部在2018—2019年间发布了全国青少年校园网球特色学校名单，共有600多所中小学被选定为特色学校，旨在推广和发展网球运动。

网球具有出色的竞技性和观赏性。随着经济和科技的不断发展，网球运动吸引了越来越广泛的受众。在众多体育项目中，网球的商业化发展尤为显著，它在全球范围内拥有广泛的群众基础和高度的关注度。每年举行的四大满贯网球赛事吸引了数亿观众的关注。

体育俱乐部作为体育社会化发展的重要途径之一，在现代体育发展中扮演着基础和关键的角色。网球俱乐部，作为体育俱乐部的一种，是在中国网球协会及其会员协会注册的、专门负责普及和提高网球运动水平的体育组织。根据经营性质的不同，网球俱乐部可以分为职业网球俱乐部、商业网球俱乐部和公益性（业余）网球俱乐部。在我国网球运动的发展中，网球俱乐部起着至关重要的作用。目前，国内的多数网球俱

乐部属于商业性质，以盈利为目的，采取市场化的运营方式。

根据世界卫生组织的界定，青少年的年龄范围被定义为10～24岁。对于处于这一年龄段的人来说，青少年网球俱乐部对他们了解和参与网球运动起到了十分重要的作用。这些俱乐部不仅仅是社会公益组织，也被视为国家支持和鼓励发展网球运动的重要途径，旨在促进青少年对网球运动的热爱。青少年网球俱乐部的核心任务包括激发年轻人对网球运动的兴趣，培养他们终身参与体育锻炼的习惯，提高他们的身体素质，传授他们体育技能，挖掘和培养潜在的体育人才。

（二）当前青少年网球俱乐部的运营模式及实践

目前，南宁市青少年网球俱乐部运营模式和实践注重资源的有效管理和充分利用。这些俱乐部以服务为主要使命，其运营模式侧重于有效组织、实施和监控人力、财务和物资资源；核心在于投入适量的资源，并通过市场营销等手段将资源转化为经济效益。这一过程需要各个部门之间密切协作，遵循明确的经营理念和原则，构建一个自我完善的战略运营框架。在这个科学而合理的运营模式下，俱乐部的各项工作能够按计划有序展开，同时也能够有效地实现经济效益。下面从人力资源管理、市场营销、场地设施、信息化管理、资本运营五个角度，如图5-7所示，对当前南宁市青少年网球俱乐部运营模式及实践进行分析。

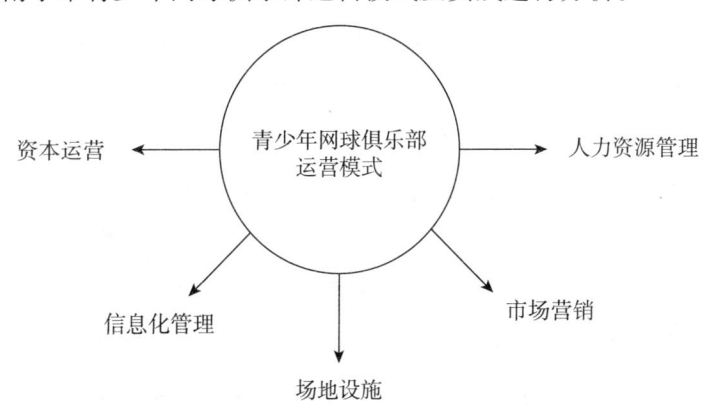

图5-7 青少年网球俱乐部运营模式概念模型

1. 南宁市青少年网球俱乐部人力资源管理：教练员的选择

（1）教练员性别选择。在南宁市的青少年网球俱乐部中，教练员的性别选择显示出一定的性别偏差。尽管近年来女性网球教练的数量在整个网球培训市场上有所增加，但在南宁市，女性教练的比例并未显著提升。出现这一现象的原因可以从几个方面来解释。首先，网球运动并未广泛普及，因此接触这项运动的人数有限，特别是女性参与者。其次，南宁市的气候条件，如强烈的紫外线辐射，使得不多的女性愿意参与户外运动，如网球。再次，从客观角度来看，男性教练在体能方面通常优于女性教练，而大多数网球场地为室外环境，工作条件较为艰苦，导致选择从事网球教练工作的女性相对较少。最后，在当前的成人网球运动群体中，男性球员仍然占据多数，许多男性学员倾向于选择男性教练，以期望获得更好的对抗练习和技术指导。

（2）教练员年龄主要分布。在南宁市青少年网球俱乐部中，教练员的年龄分布显示了一个特定的模式，与他们的教学经验和技能水平相关联。大部分教练的年龄集中在21～40岁，这个年龄段的教练通常被视为拥有较为丰富的教学经验。具体来看，21～30岁的教练占据了70%的比例，而31～40岁的教练约占24%，20岁以下和40岁以上的教练则相对较少。

这一年龄分布反映出南宁市青少年网球俱乐部教练队伍的特点。首先，这个年龄段的教练更能适应艰苦的工作条件，他们有更多的精力去学习新的知识和技能，并对各种培训保持热情。其次，随着南宁市网球运动氛围的日益改善，从事网球专业的大学毕业生数量大幅增加。这些毕业生在大学期间已经掌握了扎实的理论知识和技能，拥有充足的工作热情，为青少年网球俱乐部带来了新鲜血液。最后，许多教练员不仅仅是教学工作的从业者，他们还积极参与创业，与其他毕业生合作开设青少年网球俱乐部。这样的创业趋势不仅为网球俱乐部带来了年轻化的教练队伍，也为俱乐部的运营和发展注入了新的活力。

（3）教练员入职的途径与教学经验。南宁市青少年网球俱乐部教练员的招聘途径多样，但以体育院校毕业生为主。大约 68% 的教练员是体育院校的网球专业毕业生，他们通常在俱乐部实习期间表现出色，毕业后便直接加入俱乐部成为正式教练。此外，还有一部分教练员是网球爱好者，他们自学成才并开始执教。也有一些教练员是退役的网球运动员，但这一群体的比例较小。这种招聘模式的形成与南宁市经济的快速发展和网球运动的普及有直接关系。随着网球逐渐成为南宁市市民的流行运动，其"贵族"运动的标签逐渐淡化，网球市场的迅速增长为更多人提供了就业机会。许多体育院校的网球专业学生选择与当地俱乐部合作实习，为未来的职业生涯打下基础。

2. 南宁市青少年网球俱乐部的市场营销策略

（1）产品策略。南宁市青少年网球俱乐部的市场营销策略涉及多元化的产品和服务，其运营产品主要分为四大类：专职教练、运动器材、VIP 会员以及其他服务。其中，其他服务类别占据了最大的比重，达到了 57.31%，其次是运动器材，占比 20.95%。在这些服务中，其他服务类别包括了一些特色服务，如"网球进校园"计划、场馆租借和陪练服务等。特别是"网球进校园"项目，即派遣俱乐部的专职教练到合作学校进行课后兴趣班的教学，不仅便于学生更直接地接触网球运动，节省了他们的通勤时间，而且能吸引更多热爱网球的学生参与，营造良好的学习氛围。大多数学员对这类服务表示出高度的接受度和满意度。另外，场地租赁也是俱乐部重要的收入来源之一。在满足日常教学需求的基础上，部分俱乐部会对外租赁场地，供球友们练习交流，从而为俱乐部带来额外收益。俱乐部销售的运动器材和商品种类繁多，包括网球服饰、网球拍、网球、护具、背包、附件以及运动补给饮料等。商品价格范围广泛，从 50 元至 3000 元不等。为了更好地服务广大球友和爱好者，部分经营管理者不仅在俱乐部内设立了实体店，还拓展了线上商店，为用户提供更便捷的购物体验。同时，一些经营者在俱乐部内增设了餐饮区，以满足球友的饮食需求，进一步提升了俱乐部的服务水平和顾客满意度。

（2）价格策略。南宁市青少年网球俱乐部在定价策略上主要考虑三个方面：学员费、教练费和场地费。首先，学员费包括充值成为会员、预存成为会员以及大额充值优惠三种类型。成为俱乐部会员后，学员可以享受到多种优惠服务。其次，教练费是根据网球教练提供的小班教学、一对一教学等不同教学模式来收取的。最后，场地费则是使用网球场地的费用，根据场地类型不同而有所差异。收费标准由各个俱乐部自行决定，自治区政府或相关单位并没有设定统一的参考收费标准。大多数学员选择网球运动是出于个人兴趣，他们更倾向于在俱乐部中享受轻松愉快的氛围和优质的服务。俱乐部提供的这种高质量的体验可以有效提升学员的满意度，进而将他们转变为忠实客户。同时，价格因素也是学员们考虑的重点之一。过高的练习费可能会使一部分学员承担不起，因此俱乐部的经营管理者特别重视定价策略。合理的定价不仅有助于吸引和保留学员，也是保证俱乐部运营和持续发展的关键因素。通过综合考量学员费、教练费和场地费等多个要素，南宁市青少年网球俱乐部能够更好地服务于其会员，同时保持良好的经济运行状态。

（3）促销策略。南宁市青少年网球俱乐部采用多种促销策略，以提高会员参与度和销售额。这些策略主要包括以下几种。首先，会员活动促销是俱乐部的一大亮点。会员日活动定期举行，为会员提供独特的体验和福利，同时推出充值赠送计划，鼓励会员充值并获得额外的福利。会员专享折扣是另一个吸引会员的方式，他们可以享受特别的折扣价。其次，俱乐部还推出节日促销，以庆祝特定的节日或时间段。在这些时间段，俱乐部会发放优惠券，会员可以使用这些优惠券购买俱乐部的产品或服务，从而节省资金。最后，俱乐部还可以开展其他特色促销活动，如组团优惠，鼓励会员邀请朋友一起参加俱乐部活动；一对一介绍优惠，介绍新会员加入俱乐部并享受优惠。俱乐部还可以与其他商家合作，共同推出促销活动，为会员提供更多选择和优惠。

在这些促销策略中,节日促销得到了最大的认可,占比达到48.22%。这表明,虽然多数俱乐部采用会员活动作为促销方式,但是学员们更倾向于节日促销和具有独特特色的促销策略。学员们非常喜欢俱乐部组织的这些活动,不仅因为可以享受优惠,还因为这些活动提供了社交机会,让他们结交到新朋友。这种促销策略的成功在于它不仅提供了物质优惠,还营造了社交和娱乐的氛围,增强了学员对俱乐部的忠诚度和参与感。

3.南宁市青少年网球俱乐部场地设施的管理

南宁市青少年网球俱乐部的场地设施管理主要涉及两种类型的网球场:室外网球场和室内网球场。当前,室外网球场占据了大多数,这主要是因为室内网球场地的建设和维护成本相对较高。因此,南宁市的室内网球场大多由市政府管理,而这些场馆的网球培训业务则外包给各个网球俱乐部。

由于南宁市房价的持续上涨,当地的网球俱乐部多以中小型规模为主,因为维护大型网球场地成本过高。不过,南宁市的自然环境为网球运动提供了独特的背景。作为"绿城",其丰富的植被和优美的环境为学员和教练员提供了舒适的学习和训练环境。

除了场地设施,部分俱乐部还引进了先进的训练器械,包括自动发球机、训练游戏设备等,以提高训练的效率和趣味性。然而,仅有少数俱乐部采用这些高科技设备,大多数俱乐部仍然依赖传统的训练器具。

4.南宁市青少年网球俱乐部的信息化管理

在信息化时代背景下,南宁市青少年网球俱乐部的信息化管理发挥着至关重要的作用。信息化的主要作用可分为四个方面:首先,它对体育科研领域至关重要,通过高效地收集和应用信息,可以提高科研的准确性;其次,在教学训练领域,信息化能够提供快速反馈和长期趋势分析,从而帮助制定更明确的教学和训练目标,实现过程控制;再次,信息化对体育比赛极为重要,能够提供有效的对手信息,以制定更好的竞技策略;最后,在体育管理方面,信息化有助于有效整合客户、教练员和资源信息，提高管理水平和决策能力。

在南宁市，四家大规模的青少年网球俱乐部在信息化方面表现出色。他们已经建立了完善的会员数据库、管理软件和财务软件，通过信息化手段实现了会员管理、员工管理和财务管理的效率提升。大多数俱乐部的管理者都认同并采纳了"互联网+"的发展模式，重视俱乐部管理的信息化技术应用。通过结合互联网技术和信息化手段，这些俱乐部显著降低了与消费者之间的沟通成本，同时使广告投放更加精准，有效减少了开支。在人力资源管理方面，教练员的信息化管理被广泛应用。而在学员信息化管理方面，主要采用微信公众号、传统会员软件（会员平台）和文本记录方式。这种信息化管理不仅提升了管理效率，也增强了与学员的互动和沟通。

5. 南宁市青少年网球俱乐部的资本运营

南宁市青少年网球俱乐部的资本运营受到自有场地建设的影响，投资额的大小往往与场地设施的完备程度成正比。

以 A 青少年网球俱乐部为例。该俱乐部成立于 2016 年，致力于提供广泛的服务，包括赛事组织、策划推广、文体交流活动策划、场地租赁，以及销售办公用品、服装、体育用品等。该俱乐部的愿景是成为南宁市规模最大、设施最完善的网球培训和交流中心。A 青少年网球俱乐部提供多样化的课程，旨在培养网球爱好者的技能。他们为幼儿提供高品质的网球启蒙教育，为青少年提供专业的网球培训，还提供个性化的私教服务，满足不同学员的需求。此外，俱乐部还为企事业单位提供定制课程，以满足他们的培训需求。俱乐部位于南宁市内功能齐全的群众性健身场所，拥有优越的网球运动文化氛围和广泛的群众基础。他们的球场设施一流，包括裁判椅、休息椅和记分屏，能够确保比赛和训练顺利进行。此外，俱乐部还提供更衣室、休息室和宽敞的停车场，以满足会员的各种需求。而且，俱乐部设有电梯直达球馆，确保客人方便快捷地进入。

A青少年网球俱乐部的总投资额约为200万元，营业额按季度结算，旺季时的收益可达10多万元。尽管如此，俱乐部仍在寻求稳定且高效的盈利模式以增加收入。与A青少年网球俱乐部相对的是，B青少年网球俱乐部在相似规模的投资下，专注于打造室内训练场。目前，其每日纯教学收益为5000～6000元，并且仍处于增长期。

（三）南宁市青少年网球俱乐部运营模式的优化策略

1. 人力资源优化策略：规范制度，构建体系

南宁市青少年网球俱乐部为了优化其人力资源，采取一系列策略来规范管理制度并构建一个高效的人才体系。

第一，俱乐部应定期进行人才培养，尤其是对教练员和管理人员进行专业培训。这可以通过内部培训、引进外部专业人才或提供进修机会来实现，目的是培养出专业化的人才队伍。最重要的是，每个团队都应有1～2名稳定的专职教练，以满足日常教学需求。优秀的教练不仅能提升俱乐部的产品和服务形象，还能帮助稳定学员的基础。

第二，南宁市青少年网球俱乐部应与政府部门或相关机构合作，为教练员提供更多的培训和提升机会，如参加由中国网球协会举办的网球教练等级考试。俱乐部可以为此提供必要的资金和人力支持，使教练员能够获得更高级别的认证，从而提升其专业水平。

第三，员工的整体素养是决定俱乐部成功的关键因素之一。因此，根据实际发展需求，俱乐部应当重视并不断提升内部工作人员的专业素质和工作能力。这包括对管理层和一线员工的全方位培训，涵盖会员服务、教练服务、销售、活动策划等方面。可以通过发行刊物、远程视频等形式来强化规范化管理，提高内部沟通效率。

第四，建立一个有效的薪酬激励体系也是至关重要的。这不仅能提升教练员对俱乐部的认识和忠诚度，还能处理好公平与效益之间的关系，找到一个合理的平衡点。调整和优化员工之间的关系和薪酬分配是一个持续的过程。

第五，加强与教练员的沟通至关重要。建立稳定、顺畅的沟通渠道有利于加强教练员对俱乐部的归属感，维持他们的忠诚度，同时预防优秀教练员的流失，这对于保持和提升客户满意度至关重要。

通过这些综合策略，南宁市青少年网球俱乐部可以在竞争激烈的市场中稳固地位，并持续发展。

2. 市场营销优化策略：精准定位，联合共赢

为了优化南宁市青少年网球俱乐部的市场营销策略，需要采用精准定位和合作共赢的方法。

首先，俱乐部需要在地理位置和规模选择上下功夫，确保与品牌定位和市场需求相符。精确的市场调研有助于创建精准的用户画像，从而选定合适的场地规模和位置，实现俱乐部的高效运营。同时，合理的资金管理也至关重要。

其次，在运营过程中，俱乐部应倡导双赢或多赢的合作理念，积极与政府、其他俱乐部和品牌商合作。与政府的合作可以是响应国家青少年网球人才选拔计划，争取资源支持；与其他俱乐部的合作可以是共同举办网球比赛来扩大网球爱好者群体，提升知名度；与品牌商和企业的合作可以是寻求赞助，提升俱乐部的服务质量和内容。

再次，降低运营成本以减少网球运动的收费标准，吸引更多学员，同时加大宣传力度，提升网球运动的普及率和认知度。

最后，提升客户服务质量对于提高品牌满意度和影响力至关重要。高品质的服务不仅能提升客户满意度，也是俱乐部成功经营的关键。俱乐部应该设立明确的服务质量评价标准和体系，通过顾客满意度调查问卷等方式，及时了解顾客的反馈和需求，从而不断改进服务和内容。这种持续的优化和提升将增强顾客对俱乐部的认可和忠诚度，最终提升俱乐部的品牌影响力，促进其快速发展。

3. 场地设施优化策略：合理配置，强化建设

为了适应南宁市青少年网球俱乐部的场地设施的优化策略，俱乐部

必须充分认识到社会经济发展的变化和人们对高品质生活的需求,不断调整和改进,以提供更好的服务,满足学员的需求。

首先,在硬件设施方面,俱乐部已经拥有一系列基本设施,如休息室、淋浴室、餐厅和停车场,这些设施为会员提供了便利和舒适的体验。为了进一步提升服务质量,俱乐部可以考虑引入更多的现代化设备和技术,如增加智能化设备,提供更快捷的服务,以满足会员不断提升的服务需求。此外,场地设施的维护和保养也是一个重点,要确保设施的长期可用性和安全性。其次,在软服务方面,俱乐部应不断发展和完善。这包括提供更多种类的课程和培训,以满足不同年龄和技能水平的学员需求。俱乐部还可以通过组织丰富多彩的活动,如网球比赛、文体交流活动等,增强会员的参与感和快乐感。俱乐部也要及时更新和公布场地使用信息,以方便会员了解场地的可用性和预订情况。最后,俱乐部还可以通过出租闲置场地或与其他机构合作,提高场地的利用效率,增加收入来源。同时,俱乐部还需要定期进行设施维护,确保设施设备处于良好状态,不能因为想节约成本而忽略这一重要环节。总体而言,通过合理配置和强化场地设施建设,南宁市青少年网球俱乐部可以进一步提高服务水平,增强竞争力,满足日益增长的市场需求。

4. 信息化管理优化策略:联合"互联网+",革新技术

为了跟上时代的技术潮流,并解决信息技术领域的现有挑战,南宁市青少年网球俱乐部应从两个方面提升其信息技术应用水平。首先,俱乐部需要建立一个内部信息化管理平台,以实现对教练员更有效的管理、评估、绩效考核及薪酬体系的构建。俱乐部应加速信息化建设步伐,不仅要深入了解自身的信息需求,还需要将收集到的信息进行有效的整理和存储,以便于将来使用。通过引入现代技术和管理平台以及建立数据库,俱乐部可以极大地提高管理效率。其次,俱乐部应构建一个特色化的青少年网球平台,以更好地服务会员。俱乐部应积极利用互联网技术,实施"互联网+"策略,以促进更高效的发展。例如,可以利用社交媒

体平台进行营销，通过微信公众号或开发专属应用程序提供在线服务，增加用户黏性并拓展俱乐部会员。在线注册和其他互联网服务也是此策略的一部分。同时，俱乐部应将在线互动与线下互动结合起来，打造俱乐部的品牌形象，如引入双语外教教学、提供网球特招生升学留学通道等。最后，在信息互联和移动互联时代，俱乐部还应引入更多创新的技术设备，如网球模拟训练设备和游戏类模拟软件，以增加培训课程的趣味性，从而提升整体的信息技术支持水平。这些措施不仅能提高俱乐部的内部管理效率，也能增强俱乐部对外服务质量，提升南宁市青少年网球俱乐部的整体竞争力。

第六章 体育产业发展的模式创新及实践路径

第一节 体育产业与旅游业融合发展模式及实践路径

一、体育产业与旅游业融合发展的必要性与可行性分析

(一) 体育产业与旅游业融合发展的必要性

在当前的经济社会发展背景下,人们对于文化和娱乐的需求日益增长,尤其是对于高质量的体验和心理健康的关注。这种趋势推动了传统单一产业模式向产业融合转变,以更好地满足市场和消费者的多元化需求。产业融合打破了行业间的界限,实现了资源和能力的互补,构建了更加完善和高效的新型价值链。特别是在体育产业与旅游业的结合中,这种融合模式展现出较大的优势。旅游业引入体育元素,如各类运动活动和互动体验,不仅丰富了旅游产品的内涵,还拓宽了旅游市场的边界,吸引了更多的消费者群体。对于体育产业而言,与旅游业的结合为其带来了新的增长点和市场机会,满足了消费者对健康生活和优质休闲体验的追求。同时,这种结合也优化了体育产业结构,使其能更好地适应市

场的变化和需求。学术界对产业融合的看法虽然多样，但普遍认同的观点是，产业融合通过重新组合不同产业的资源和能力，形成新的产业链，扩大市场范围，创造新的发展模式，并最大化产业效应。因此，体育产业与旅游业的融合发展不仅是适应市场变化的有效策略，还是推动两大行业共同成长的重要途径。

1. 融合共同点

体育产业与旅游业的融合体现了这两个领域之间深厚的共性，它们共同为人们提供了丰富的休闲和娱乐体验。在旅游业中，人们得以享受自然风光和探索不同的文化风情，这种体验与体育产业提供的休闲和户外活动紧密相连，两者均着眼于为人们提供放松和娱乐的机会。旅游业的繁荣依托于其多样的资源和完备的服务体系，包括便捷的交通、舒适的住宿和丰富的餐饮选择，这些元素对于体育企业和体育活动中心的成功同样至关重要。例如，开展户外体育活动时，交通的便利性是关键因素，它直接影响游客的到访和体验。游客在参与体育活动时，也会考虑当地的住宿和餐饮服务，这些因素共同构成了他们完整的旅游体验。因此，当地旅游业的发展不仅能够吸引大量的游客，同时也能为体育企业和体育活动中心带来客流，增加当地的经济收入。

另外，体育产业已从最初以竞技体育为核心逐渐扩展到休闲体育和户外运动，这些活动不仅丰富了体育产业的内容，也为旅游业提供了新的合作机遇和体验形式。体育赛事，尤其是那些具有表演性质的赛事，不仅对参与者有吸引力，也为观众提供了一种独特的观赏体验，增加了旅游的趣味性和吸引力。随着体育赛事规模的扩大和品质的提升，它们逐渐成为公众广泛接受和喜爱的活动，为体育产业与旅游业的融合提供了强有力的支撑。

2. 融合动因

技术革新在推动体育产业与旅游业融合方面发挥了重要作用。21世纪初期以来，中国在包括生物医药领域、航空航天和高铁领域以及互联

第六章 体育产业发展的模式创新及实践路径

网信息技术领域等取得的技术进步不仅加速了经济增长，也深刻影响了体育产业的转型与发展。这一时期，体育产业的范畴从专业运动逐渐扩展至普及健身，体育健身俱乐部的兴起、体育传媒的发展和体育教育培训的普及标志着体育产业的大众化趋势。尤其是3D技术等现代科技的应用，在提升体育教学和赛事观赏体验方面发挥了重要作用。这些变化不仅加强了体育产业在市场中的竞争力，也逐渐改变了公众的消费习惯和观念。

在体育产业的市场化进程中，体育与旅游技术的结合为体育赛事和户外运动带来了创新。与此同时，旅游业也开始纳入体育元素，如结合休闲娱乐和体验教育的体育项目，不仅拓展了旅游业的业务范围，还丰富了其产品内容，促进了旅游业的多元化。体育产业与旅游业的这种互动融合，不仅保持了体育的本质特性，如强身健体，同时也将体育的魅力传递给更广泛的受众，推动了体育产业的经济增长。旅游业通过融入体育元素，实现了资源和项目的扩展，显著提高了旅游体验的品质。这种双方互利的产业融合模式，不仅增强了各自的市场竞争力，也为社会经济带来了更大的综合效益，展现了产业发展的新局面。

（二）体育产业与旅游业融合发展的可行性分析

1. 融合发展的政策分析

体育产业作为第三产业中的重要组成部分，是一个充满活力且不断发展的新兴行业。伴随着国家经济和社会的进步，截至2016年12月，中国已发布了22项文件，旨在加快体育产业的发展和促进其与其他行业的融合。其中，影响深远的《关于加快发展体育产业促进体育消费的若干意见》（国发〔2014〕46号）为体育产业融合发展提供了初步的政策支持和框架。46号文件指出，至2025年，我国的体育产业总规模要达到甚至超过5亿体量，同时提出我国提升人们身体素质和健康水平的主要途径就是发展体育产业、体育事业，推动体育的普及，满足人们对生活娱乐的要求，从而培育新的经济增长点。自中国政府发布重要的46

号文件后，全国范围内各地方政府迅速采取措施，致力于推动体育产业的增长和发展。这些措施涵盖了建设多功能体育平台、引入国际知名赛事、推行便利的"15分钟健身圈"概念以及实施全域旅游策略，极大地促进了体育和旅游业的有机融合。之后，国务院发布了一系列政策文件，如《关于加快发展旅游业的意见》《国民旅游休闲纲要（2013—2020年）》以及《国务院办公厅关于进一步促进旅游投资和消费的若干意见》。这些文件重点强调了在旅游业发展过程中探索和培育新的体育消费领域，并推动体育产业与旅游及其他相关行业的紧密结合。这些政策提倡发展各种适合大众的体育旅游项目，如健身旅游、户外运动、自驾游和骑行等，并推动体育竞赛表演业、体育健身业与旅游业的深度融合。同时，这些政策还倡导建立体验、体育项目、养生和观光相结合的特色旅游小镇，鼓励私人资本投入，发展相关产业链。

在深化体育改革方面，中国采取了一系列激进措施，加速了体育产业与旅游业的融合发展。例如，取消了大型赛事的审批制度，激发了城市举办各种体育赛事的积极性，进而加速了体育和旅游业的结合，带动了以赛事为中心的旅游热潮。国家还发布了《全国性单项体育协会竞技体育重要赛事名录》，大大降低了赛事的组织成本，提高了赛事的质量。此外，中国还制定了《全国冰雪场地设施建设规划（2016—2022年）》《水上运动产业发展规划》等规划，旨在明确未来体育产业的发展方向，并优化相关体育项目的发展模式。科研交流平台如中国体育科学学会、高峰论坛和中国国际体育用品博览会等，也在推动体育产业融合领域的研究中发挥了积极作用，它们不断探索新的融合模式、方法和措施，为体育产业的融合发展提供了有力的指导和支持。这些措施的实施，为体育产业的跨界融合提供了多元化的路径，带来了实际的成效。

2. 融合发展的市场分析

体育产业与旅游业的融合发展在市场分析方面显示出极大的可行性和潜力。以河南省的体育旅游市场为例。该省在过去10年里的旅游业发展具有标志性意义。这一时期,从旅游景点开发到游客流量、消费者接待量以及旅游配套服务的完善,河南省在旅游领域的发展取得了显著成就。特别是在 GDP(国内生产总值)增长、酒店和景点的经济收入方面,成果尤为突出。同时,入境游客数量和 GDP 的显著提升也是不容忽视的成就。

在全球旅游行业面临发展瓶颈的背景下,体育产业与旅游业的融合成为行业发展的新动力。传统的景点观光旅游正在逐渐走向下行趋势,而体育元素的加入无疑为旅游项目注入了新的活力,改变了旅游的传统模式,并且增加了体验性和互动性。河南省通过成功举办"郑州国际少林武术节""国际太极拳年会"等大型体育赛事,不仅吸引了众多观众,还有效推广了河南的文化和形象。这些赛事的成功举办对于提升当地旅游业的吸引力和国际知名度起到了关键作用。

河南省政府推出了一系列政策来促进体育与旅游的融合发展。这些政策旨在通过体育与旅游的融合,为旅游业开辟新的增长点和市场机遇。体育旅游业的快速发展不仅对提升旅游业的整体竞争力和市场吸引力至关重要,也为当地经济的增长贡献了显著力量。综上所述,河南省体育产业与旅游业的融合发展在市场分析方面显示出巨大的潜力和明显的成效,为其他地区提供了可借鉴的成功案例。

二、体育产业与旅游业常见融合模式创新

(一)体育赛事与旅游业融合

体育赛事与旅游业的融合模式在于将体育赛事作为吸引游客的重要手段,通过赛事的举办促进当地旅游业的发展。这种融合模式的成功案例包括各类马拉松赛事、自行车比赛、田径赛事等,这些赛事通常在具有独特自然风光或文化特色的地区举行,吸引了众多体育爱好者和游客。赛事的举办不仅提高了当地的知名度,还促进了当地酒店、餐饮、交通等相关产业的发展,为当地经济增长注入了新的活力。此外,体育赛事

的举办还带动了相关文化活动和节庆活动的开展，进一步丰富了旅游产品和游客的体验，吸引了更多的文化和旅游消费者。

（二）体育基地与旅游业融合

在体育基地与旅游业的融合模式中，体育基地不仅是运动训练和比赛的场所，也成为吸引旅游的新亮点。这些基地通常设施完备，不仅可供专业运动员训练使用，也对普通游客开放，提供各种体育体验活动。例如，一些滑雪基地、高尔夫球场、水上运动中心等，通过提供专业级的运动体验，吸引了大量的体育旅游爱好者。同时，这些基地周边往往发展了以体育主题为核心的综合性旅游项目，如体育主题酒店、体育文化展览、健康养生中心等，为游客提供了多元化的旅游体验。这种模式不仅促进了体育基地的有效利用，提升了其经济价值，也推动了当地旅游业的发展，形成了体育和旅游互相促进的良好局面。

（三）休闲健身与旅游活动融合

近年来，休闲健身与旅游活动的融合愈加显著。由地方旅游团队和企业策划的登山、马拉松、极限运动和越野拉练等，早已成为体育与旅游产业共生共荣的典范。这些充满活力的赛事不仅为体育爱好者提供了全新的探险机会，还为游客打造了充实多彩的度假体验。这一创新概念正促进着休闲运动与旅游业的密切合作，助力旅游业迎来全新的增长机遇。

（四）融合地域特色的体育旅游

地域特色与体育活动的结合构成了独特的旅游融合模式。依托于当地丰富的历史文化背景，这种类型的旅游活动展现了区域的独特魅力。例如，某些地区的赛龙舟、抛绣球和舞狮子等活动，不仅体现了当地丰富的文化特色，同时也传递了体育精神的积极价值。通过这些活动，游客能深入体验和感受地方文化的魅力，同时享受体育活动带来的乐趣。

第六章　体育产业发展的模式创新及实践路径

三、体育产业与旅游业融合发展的案例

(一)河南信阳鸡公山运动休闲小镇

1. 项目背景与起源

位于河南省信阳市南部的鸡公山,处于河南和湖北交界,距离武汉和郑州分别约174公里和340公里。这一地区连接着大别山和桐柏山,位于中国五大地理分界线之一,其地理位置具有显著优势,交通便捷。作为中国知名的避暑胜地之一,鸡公山因其独特的自然环境和舒适的气候条件,在旅游领域取得了显著成就。然而,随着时间的推移和旅游需求的变化,传统的观光旅游模式正面临新的挑战,急需创新和转型以适应现代旅游的发展趋势。为了迎接这一挑战,基于"产业融合发展"的理念和"体育+"的新思维方式,当地政府计划将鸡公山的自然景观与体育活动相融合,开发"一景一运动"的旅游模式。这一创新措施旨在通过多样化的旅游产品和提升游客体验来满足新时代旅游者的需求。在这一计划的指导下,鸡公山管理区制定了《鸡公山管理区体育产业发展规划》(简称《规划》),标志着体育产业与旅游业融合发展的新篇章的开启。

2. 融合发展实践路径

在"创新、协调、绿色、开放、共享"的新发展理念的指导下,针对鸡公山运动休闲小镇项目的发展路径,鸡公山管理区计划将鸡公山打造成为山地旅游和度假的首选地,跳出传统观光旅游的框架,扩展旅游业的边界,将文化、体育及健康产业有效地融入旅游业中。在这个过程中,鸡公山通过落实"一园十三景,一景一户外"这一项目布局,开创了文化创意、体育健康产业与休闲度假旅游融合发展的新路径。

鸡公山在《规划》中把户外运动项目作为核心,这些项目的设计是整个《规划》的重中之重。《规划》中考虑到了鸡公山的自然资源和区域特色,形成了以山地、水域和营地为基础的三大户外运动板块。这包括

建设休闲步道、水上运动设施、自行车道和户外运动营地等，同时将这些活动与地区的独特资源结合起来，增强体育项目的吸引力。除此之外，以各类体育节事和赛事为核心，鸡公山努力打造城市品牌，优化城市基础设施和环境，推动城市的更新和提升。鸡公山还利用其丰富的茶文化资源，结合国家级登山步道建设，开发了结合茶文化展示和民俗体验的户外徒步旅行线路。同时，依托体育运动和温泉资源，鸡公山致力于打造中原地区的"运动休闲养生中心"，挖掘当地资源的潜力，推广健康旅游。

在获得"国家运动休闲特色小镇"的认证后，鸡公山成为河南省体育发展的标志性项目。与其他地区的发展策略相比，鸡公山的融合发展重点在于综合利用本地特色资源和自然生态，策划运动休闲项目，将旅游资源与体育产业相结合，推动两者的融合。利用"一园十三景"的天然条件和地理优势，鸡公山精心挑选适合的体育项目，确保每个景点都提供户外运动体验。通过这样的综合规划，游客不仅可以享受自然美景，还可以参与丰富的体育活动，从而增强游客体验，吸引更多人流，并促进鸡公山体育旅游业的蓬勃发展。鸡公山体育旅游产业由以下几项构成。

（1）体育产业集聚区。在体育产业与旅游业的有效融合中，鸡公山采取了创立专门的产业园区这一关键策略。该产业园区利用了鸡公山动漫王国的规划区域，将园区划分为多个功能区，包括管理区、体育场馆、运动休闲养生中心、针对青少年的体育训练基地、青年高尔夫球培训中心以及体育教育培训与管理空间。这种综合布局确保了园区内部功能的相互补充，实现了基础设施建设、教育培训、日常管理及休闲娱乐等方面的全面发展。

（2）当地特色体育旅游。在打造特色体育旅游方面，鸡公山紧扣信阳毛尖茶的文化特色，建立了茶文化博物馆，并将古茶文化观光园、茶叶种植文化园、古村落和古建筑等民族特色资源转化为特色旅游项目。这些旅游项目结合了茶文化体验和民宿、采茶等活动，旨在增强游客的互动体验和参与感。同时，鸡公山借助其森林生态环境，建立了运动休闲养生中心，结合体育康复、温泉SPA和中华禅茶养生，吸引了不同偏好的游客，进一步增强了体育旅游的多样性。

（3）体育节事旅游。在体育节事旅游发展方面，鸡公山通过规划和推广大别山国家登山健身步道信阳段，打造了国家级登山健身步道，并举办各类登山赛事和马拉松，吸引了众多户外运动爱好者。这些定期举办的体育活动不仅使鸡公山成为户外运动爱好者的目的地，也形成了具有当地特色的体育节事，进一步促进了相关体育产品的发展，丰富了当地的旅游业态。

3. 融合生长模式总结

河南省信阳市的鸡公山作为四大避暑山庄之一，拥有独特的旅游资源优势。在这一基础上，该地区选择以资源整合为发展重点，采取"景区内融入运动，运动活动融入景区"的方法，形成了一种独特的"资源渗透，产业共生"的体育旅游发展模式，这一模式被称为融合生长模式。

融合生长模式着重于旅游资源与体育活动的结合，旨在挖掘旅游资源的独特性和潜力，并据此规划匹配的运动休闲项目，同时实现体育产业与旅游服务的深度融合。该模式的核心目标是实现两大产业资源的有效结合，以促进体育旅游业的全面增长。为了在这一模式下推动体育旅游产业的发展，需要采纳并实施一些关键策略。

优先考虑的是提升当地的自然环境和旅游资源，包括改良城市绿化、交通系统，强化人文和民俗文化，旨在通过完善的城市服务体系打造一个吸引游客的环境，为不同产业间的融合奠定坚固的基础。其次是发展多元化的产品体系。鉴于体育旅游需求的多样性，仅靠单一或孤立的旅游产品已经难以满足所有游客的需求。因此，打造一个包含多样化产品的融合体系，提供符合各类消费者期望的旅游体验变得尤为重要。这不仅有助于扩大市场规模和接纳度，也是推动体育旅游业持续健康发展的关键。

（二）河南新县国家体育旅游目的地

1. 项目背景与起源

位于大别山腹地的新县，隶属信阳市，拥有居民36万人和1612平方公里的土地。这个以林业为主导的山区县，除了有着丰富的革命历史遗产，还是国家级扶贫开发的重点县之一。新县丰富的生态环境、红色历史和自然资源，原本为其旅游业发展提供了良好的基础，但由于缺少一个强有力的旅游品牌，过去的旅游业发展并未为经济发展作出显著贡献。

2014年，随着国务院《关于加快发展体育产业促进体育消费的若干意见》的发布，新县政府开始将重点转向体育事业的发展，并将其与旅游业进行有效结合。为此，新县启动了《大别山全民健身公园项目规划》，全力推进遍及全县的大别山全民健身公园项目。这一项目不仅引进了多个国际和国内著名体育赛事品牌，创造了独立的IP赛事，还组织了各类群众性体育活动，并吸引了市场主体对体育旅游业的投资。通过这一系列的举措，新县成功建立了自身的体育旅游品牌，吸引了众多体育爱好者和旅游者，有效地促进了当地体育旅游经济的发展。

2. 融合发展路径分析

新县在体育产业和旅游业融合方面的成就，始于大别山全民健身公园项目的有效落实。该项目的核心是利用新县丰富的自然景观、户外活动资源和文化遗产，创造一系列的体育旅游活动和多层次的旅游产品。随着不断完善的基础建设和服务设施，新县充分发挥了体育赛事和旅游市场的互补优势，组织了众多的全民体育休闲活动、竞赛类体育活动以及涵盖旅游、文化和历史教育的活动。这些活动不仅吸引了大量的体育爱好者和游客，而且成功地将体育赛事资源转化为旅游项目和产品的优势，开启了体育旅游发展的新篇章。借助于赛事和活动的平台以及媒体宣传的力量，新县成为一个闻名的体育旅游目的地。

在追求"鄂豫皖红色圣地·大别山休憩家园"的发展目标过程中，新

第六章 体育产业发展的模式创新及实践路径

县利用其独特的民间文化资源、红色文化以及优渥的生态环境，致力于发展独具特色的旅游业。新县的旅游业发展策略侧重于整合高质量的体育赛事和活动，并发展优质旅游项目。通过促进户外活动和融入运动休闲元素，新县成功地实现了体育产业和旅游业的有效结合，形成了具有自身特色的体育旅游业态。作为新型产业形态，新县体育旅游产业主要由以下几个部分构成。

（1）以健身娱乐为目的的体育旅游。新县充分利用其丰富的自然资源，如黄毛尖省级森林公园、香山湖国家水利风景区、金兰山国家森林公园、九龙潭景区，开辟了一系列以健身为目的的体育旅游活动，如建设了风景秀丽的健身步道和刺激的自行车赛道。同时，新县还开发了一些独具地方特色的体育休闲项目，如摩托艇、漂流以及越野探险，增强了旅游的多样性和趣味性。为了提升旅游体验，新县努力改善基础设施，提高服务质量，旨在为游客提供更多元化的娱乐选择，满足他们对优质生活的追求。

（2）以观赏赛事为目的的体育旅游。面对季节变化给旅游业带来的挑战，特别是在游客较少的夏季和冬季，新县通过举办各种大型体育赛事来吸引游客，利用媒体和网络渠道宣传当地的自然景观、民族特色和风土人情。这不仅吸引了大量体育爱好者，也提高了新县在体育旅游领域的知名度，同时加强了人们对体育旅游的认识，有助于树立城市形象。此外，这些活动有效解决了淡季旅游资源的闲置问题，为当地经营者带来了额外收入，活跃了旅游市场，推动了体育旅游业的繁荣。

（3）以参与户外运动为目的的体育旅游。新县的户外运动项目因其趣味性和包容性，吸引了广泛的体育爱好者群体。从世界铁人三项赛事、专业级的定向运动到当地以红色旅游为核心的娱乐和农事体验，新县提供了丰富的户外活动选择，这些活动不仅提升了游客的参与度和体验感，也为新县体育旅游业的多元化发展增添了活力。

3. 融合模式总结——运动导入模式

新县体育旅游业的发展战略是基于其扎实的户外运动和旅游市场基础，重点聚焦于市场的融合，并采纳了一种独特的模式——"旅行中的运动，运动中的旅行"，形成了所谓的运动导入模式。这种模式突出了以运动为引导，促进旅游消费的发展策略。核心思想是通过引进适合本地特色的体育项目和赛事，吸引那些寻求运动休闲体验的人群、体育赛事的观众以及旅游消费者。这样的策略不仅拓展了体育产业和旅游业的市场范围，而且实现了两者的有效融合和共同发展。

（三）湖北荆门航空运动小镇

1. 项目背景与起源

漳河新区是荆门市西郊的重要组成部分，拥有486平方公里的广阔土地。它的地理位置极为优越，坐落在东靠武汉、西接三峡、南望潇湘、北连川陕的战略位置。区域内交通网络发达，不仅铁路线路如焦柳铁路和长荆铁路纵横交错，而且拥有完善的高速公路网络。此外，低空航线的布局更是将该区域与省内七大机场紧密相连，提供了极为便捷的交通条件。

漳河新区的航空运动小镇背景可以追溯到20世纪70年代，当时荆门市政府在此区域建立了一座用于通用飞机科研生产的机场。到了1992年，该机场转型为专用于通用航空的机场。进入21世纪，漳河新区利用其在航空领域的技术优势，开始着手发展航空运动。经过一系列申报和发展，该区域最终被正式批准为国家航空运动特色小镇和国家运动休闲特色小镇，这一标志性事件为体育产业与旅游业的融合发展揭开了新的篇章。

2. 融合发展路径分析

荆门航空小镇，坐落在湖北省荆门市的漳河新区，以其丰富的休闲运动资源为基础，致力于发展体育旅游和体育服务业。该地区采用"全产业、智慧化、趣味化"的发展策略，将体育与旅游深度结合，同时强化休闲体验的特色。这一策略不仅刺激了通用航空消费市场，还促进了通用航空、体育运动和休闲旅游的紧密融合，形成了新的经济增长点。荆门市的丰富航空历史为航空文化提供了深厚的背景，通过展示航空科技、开展科普教育以及推广青少年研学活动，积极传播航空运动文化，形成了完整的体育旅游产业链。

在漳河新区的航空运动休闲产业发展方面，漳河新区充分利用其独特资源，依托通用机场，发展以航空为主题的休闲产业。该区域利用当地的航空飞行器研发成果，推动航空旅游和教育培训的发展，并以本地配套服务为基础，构建了一个完整的航空价值产业链。这些举措旨在打造一个"国家通用航空综合示范区"。

在体育科教与休闲体验产业的融合方面，以爱飞客镇的建设为核心，漳河新区强调将通用航空与创意经济相结合，致力于打造一个集航空休闲度假和国家通用航空示范于一体的区域。该区域坚持五大开发层次：低空飞行、乡村旅游、岸边休闲、水面观光和水下潜水。同时以航空教育和产业链培训为目标，通过政府、企业和学校的合作模式，建立通用航空学院和研究所。

在体育竞赛表演与会展业的推广方面，为增强漳河新区的体育旅游吸引力，区域内定期举办如爱飞客飞行大会、国际特技飞行和室内外跳伞比赛等活动，旨在构建华中地区的航空运动和体验中心。除此之外，还开展爱飞客荆门国际马拉松、漳河国际冬泳节和全国风筝邀请赛等活动，这些活动不仅吸引了大量游客，还展示了漳河的美丽风景，促进了旅游业的发展。

在休闲观光农业的融合发展方面，漳河新区充分利用西三环特色农业旅游带的规划，将农业生态保护、文化传承和旅游休闲功能结合起来，提高农业的附加值，同时为农民带来了更多收入。

在水上运动产业的补充发展方面，漳河新区依托凤凰湖水上运动公园、凤凰湖皮划艇训练基地和国际游艇基地，积极发展各类水上运动项目。利用漳河水库的一级水资源保护区，小镇开展了无动力水上运动和潜水运动，并充分发挥漳河水库环线的自然景观和人文景观优势，打造"心动九景"的开放式游览体系，为游客提供丰富的水上运动和旅游体验。

荆门航空小镇采取了一种以航空技术为核心的发展策略，目的是利用这项关键技术来丰富本地的特色产业并促进体育旅游业的增长。小镇成功地将航空资源和旅游资源融为一体，打造出以航空为主题的旅游场所，实现了旅游业和体育产业的有效融合。通过整合当地的航空休闲资源，荆门航空小镇不仅提升了其旅游吸引力，也有效整合了相关人力和市场资源。该小镇在航空运动休闲领域强调科学教育活动的重要性，通过教育普及活动深化公众对航空项目的理解，包括其起源、历史和实践知识。小镇特别重视发展竞技表演，利用媒体进行宣传，使得航空休闲成为小镇的一个标志性特色。

荆门航空小镇还规划了包括人工模拟和VR模拟在内的现代科技体验活动，增强了整个园区的科技感。通过航空科技、现代科技、生命科技和运动休闲的结合，荆门航空小镇不仅实现了体育与旅游的融合发展，还计划利用收益进一步投资体育设施的建设和完善，推动小镇的全面发展。

3. 融合模式总结——特色吸引模式

荆门航空运动特色小镇以其在航空运动技术方面的优势为基础，发展了一种以技术融合为核心的特色吸引模式。这种模式结合了特色运动体验和漳河的美丽景观，符合2017年发布的《关于推动运动休闲特色小镇建设工作的通知》中到2020年前在全国范围内建设一系列具有特色的小镇这一要求。基于这样的政策背景，漳河新区建设了一个综合性的发展空间平台，该平台主要以体育为载体，集合了旅游、农业、航空、休闲等产业，以其强大的旅游休闲功能和深厚的文化内涵为其产业作出了清晰定位。荆门市航空小站作为这一模式的典型代表，很好地体现了其融合特色。基于航空发展主题，小镇还制定了一系列发展规划和实施方案，涵盖爱飞客镇在控制、专项管理、城市设计以及总体设计等全方位的规划。

荆门航空小镇目前开设的项目有航空飞行营地、飞行体验中心以及跳伞基地等，能为游客提供全年性的航空运动体验服务。除此之外，小镇还立足其航空主题，放眼康养、文化、培训和生态观光等产业方面的建设发展，为游客提供更丰富的旅游体验。特色吸引模式的成功关键在于其独特性，特别是在特色运动休闲项目的开发方面。通过深入研究政策、资源和市场，确定有发展潜力的特色体育项目，系统地整合和共享资源，创造出符合当地发展和旅游需求的主题。围绕这一主题，开发一系列配套项目和服务，不仅增强了游客的参与和体验，还帮助了他们深入了解主题的特色。政府政策的支持对于这一模式至关重要。在政府的协助下，开发特色主题项目并利用本地特色资源，可以申请国家支持。政府的支持不仅包括助力当地居民围绕主题发展配套服务，构建完整的产业链，还包括制定相应政策，以满足游客需求和保护当地资源。

四、体育产业与旅游业融合发展模式的有效措施

（一）促进资源整合

深入整合体育产业与旅游业，关键在于实现各类资源的高效融合，这要求行业专家对两个领域的基本特征及其相互作用进行全面审视，并基于此进行资源整合。具体而言，对体育设施、旅游景点、地区文化和历史背景进行全面分析与梳理，目的在于深刻理解这两个领域的发展历程和现状。这种策略不仅能够使体育活动高效融入旅游项目中，而且能够利用体育赛事等活动吸引旅游客流，从而显著提升旅游业的整体魅力和价值。同时，通过融合地方特色，创造出独特的体育旅游融合模式，为两个行业的协同发展提供了强大动力。

(二)科学分析市场

在当今快速变化的市场环境中,科学分析市场对于体育与旅游业的深度融合尤为重要。这种分析不仅包括对当前经济发展情况的洞察,还涵盖了旅游和体育行业的动态和趋势。这样的市场分析可以有效预测未来的市场走向,从而为体育和旅游业的深度融合提供坚实的科学规划基础。细致地考察旅游业的客流量、收益、经济效益及其资源分布,有助于深入理解旅游市场的潜力和需求。同时,对体育产业,包括赛事、纪念品销售、场馆运营等方面进行全面评估,能够获得关于体育市场的综合信息。这些信息不仅有助于识别两个行业融合的机遇,也能够指导实践中的具体策略,确保融合过程的针对性和有效性。

(三)构建保障体系

构建一个强大而有效的保障体系是推动体育产业与旅游业融合的关键因素。这个体系涉及政策、管理和法规的全方位规划,确保融合进程的顺畅进行。理解和应用国家政策,特别是投融资机制和产业升级方面的政策,是构建这一体系的基石。同时,根据各地区的具体情况,定制激励措施和政策支持能够有效引导和促进体育产业和旅游业的协调发展。这样的保障机制为体育产业与旅游业的融合提供了必要的指导和框架,确保了各类挑战和问题可以得到有效解决。通过这种机制,相关部门能够监控融合进程,及时调整政策和策略,以适应市场变化和行业需求。

(四)提高服务水平

服务水平直接关系体育产业与旅游业的融合进程,因此相关部门必须不断提升服务标准,包括基础设施的建设和完善,同时全面优化服务流程。基础设施的建设和升级为体育产业和旅游业的有效融合提供了必要的物质基础,而服务流程的优化则能够提升服务质量和用户体验。这包括制定详尽的服务规范、改善市场环境、建立健全的安全保障系统以及制定合理的价格体系,这些措施共同作用,确保了在设施完备的基础上进一步提升整体服务水平。优化服务流程意味着更加关注用户体验,努力满足消费者的多样化需求。通过提升服务水平，体育产业与旅游业能够更好地融合，共同为消费者提供更加丰富、高质量的体验。例如，体育赛事的观众可以享受到更加便捷舒适的旅游服务，而旅游者则有机会体验到多样化的体育活动。服务流程的优化还包括对服务人员的培训和管理，确保他们能够提供专业、高效、友好的服务，从而提升整体的服务质量。

第二节　新媒体时代体育竞赛表演发展模式及实践路径

在新媒体时代的浪潮中，产业发展与新媒体的融合显得尤为重要。对于体育竞赛表演产业而言，利用新媒体技术来提升其经济效益变得至关重要。网络平台通过创新的学习模式和网络互动，结合线上线下的互联，不仅能满足消费者的购物需求，还可以有效丰富赛事信息。此外，加大招商引资力度，强化宣传，优化场馆服务，智能化地扩展业务，这些创新模式有助于优化体育竞赛表演产业结构，弥补其实体产业运营的不足，从而提升产业的经济水平，进一步推动中国体育竞赛表演产业的健康和快速发展。

一、新媒体时代体育竞赛表演产业的由来

在全球体育产业的演变中，特别是在体育竞赛表演产业方面，中国虽然取得了一定的进展，但总的来说还在初期探索阶段，尚未建立起一个完整的产业生态链。随着市场化趋势的不断深化，中国的体育竞赛表演产业面临着构建全面产业链的需求，特别是在融入全球体育格局的过程中，需要进行战略性的转型。这一需求与 2017 年中国政府推出的"互

联网+"行动计划形成了时间上的同步，为产业发展提供了新的动力。

如今，体育竞赛表演产业正在成为体育产业内不可或缺的一部分，与新媒体的融合成为其发展的关键。新媒体的介入为体育产业带来了线上与线下互动的新局面，这不仅改变了体育产业的传统运作方式，而且引领了一种全新的产业思维和模式。在新媒体时代背景下，体育竞赛表演产业的发展不仅成为中国社会发展的一个重点领域，也为实现中国体育产业更广阔的发展目标奠定了坚实的基础。通过这种发展，中国体育产业不仅展现出其内在的活力和潜能，也在全球体育产业舞台上显现出其独特的地位和影响力。

二、竞赛表演产业与新媒体融合发展的优化路径分析

（一）技术融合

竞赛表演产业与新媒体融合发展的优化路径之一是技术融合。技术融合是指将不同领域的技术元素整合，以创造更具竞争力和吸引力的产品和服务。在这个竞争激烈的行业中，技术融合为竞赛表演产业提供了独特的机会和优势。

虚拟现实和增强现实技术的融入为竞赛表演带来了沉浸式观赏体验的可能性。观众可以通过头戴式设备进入虚拟世界，与表演互动，仿佛置身其中。这不仅提高了观众的参与感，还增强了表演的吸引力和娱乐价值。通过整合虚拟现实和增强现实技术，竞赛表演可以打破时空限制，将观众带入一个全新的虚拟体验中，从而吸引更多的受众。

5G技术的应用对竞赛表演产业具有重要意义。5G技术具有高速传输和低延迟的特性，这对于直播和实时传输至关重要。它能使观众更加流畅地观看竞赛表演，而且互动性也会得到提升。5G技术的普及将使观众能够在高质量的网络环境下享受竞赛表演，增加了在线观看的吸引力，有助于扩大受众范围。

人工智能技术在竞赛表演产业中的应用也不可忽视。人工智能可以

用于自动化摄影和视频剪辑，能够提高制作效率，减少人力成本。此外，人工智能还可以分析观众的兴趣和行为，为他们提供个性化的观赏体验。这种个性化的互动将增强观众的满意度，增加他们的忠诚度，有助于竞赛表演产业的可持续发展。

区块链技术也可以为竞赛表演产业提供更多的优化路径。区块链技术可以用于建立透明的票务系统，减少黄牛票和欺诈活动，提高竞赛表演的可信度。观众可以放心购买正规渠道的门票，而表演方和相关方也能够更好地管理票务和分配收入，增强了行业的透明度和公平性。

（二）市场融合

市场融合是竞赛表演产业与新媒体融合发展的另一个关键路径，它为该领域带来了丰富的机遇和优势。市场融合是指竞赛表演产业与相关产业之间的合作与整合，以实现更广泛的市场覆盖和更多的价值创造。竞赛表演产业可以与电视台、广播公司以及音乐产业等相关产业进行跨界合作。这种合作可以促进不同领域的资源整合，共同制作多媒体内容，拓展观众群体。例如，一场音乐比赛可以与音乐产业合作，将获胜者的音乐作品推广到更广泛的受众中，实现双赢的局面。这种合作不仅可以提高曝光度，还有助于竞赛表演产业与相关产业之间的互补与发展。赛事推广是市场融合的另一个重要方面。借助社交媒体、视频分享平台和在线社区等新媒体渠道，竞赛表演产业可以将赛事内容推广给更多的受众。观众通过社交媒体分享自己的喜好和互动体验，扩散了表演的影响力。这种口碑传播和社交互动有助于增强市场融合，吸引更多观众参与和关注竞赛表演。品牌合作也是市场融合的一项关键策略。竞赛表演产业可以与相关品牌合作，推出联名产品和活动。这不仅可以增加竞赛表演的商业价值，还可以为品牌带来更多曝光和市场份额。例如，一场赛事可以与体育品牌合作，推出限量版纪念品，吸引更多的收藏家和粉丝，提高活动的吸引力。

（三）产品融合

产品融合在竞赛表演产业与新媒体融合发展中扮演着至关重要的角色，它为竞赛表演产业提供了丰富的机会，有助于提升观众的体验，增加产品的商业价值。创建多媒体直播平台是产品融合的一项关键策略。这种平台可以整合视频、音频、文字和社交互动等多种媒体元素，为观众提供更全面的娱乐体验。通过多媒体直播平台，观众可以一站式地享受竞赛表演、音乐、电影等内容，而不再需要切换不同的应用或网站。这种整合为观众提供了更方便的观赏体验，同时也增加了他们停留在平台上的时间，提高了竞赛表演产业的用户黏性。开发互动性产品是产品融合的另一个关键方面。互动性产品可以包括虚拟现实头戴设备、观众互动APP等。这些产品使观众能够更深度地参与竞赛表演，与表演选手互动，甚至影响比赛结果。通过提供这些互动性产品，竞赛表演产业可以增强观众的参与感和投入感，让他们更加投入比赛，增加了观众的忠诚度和参与度。数据驱动的内容创作也是产品融合的一个重要策略。通过数据分析和人工智能技术，竞赛表演产业可以更好地了解观众的兴趣和需求，定制内容，提高产品的个性化程度。这意味着观众可以更容易找到他们感兴趣的内容，从而提高他们的满意度和忠诚度。数据驱动的内容创作也有助于提高内容的质量和吸引力，进一步增强竞赛表演产业的竞争力。

第三节　互联网环境下体育产业服务发展模式创新及实践路径

信息化服务在各个行业的发展中都扮演着重要角色，而在体育领域，"互联网+"模式开启了体育发展的新篇章。移动互联网的快速发展为体

第六章　体育产业发展的模式创新及实践路径

育产业带来了新机遇，全民体育服务成为热门话题，户外体育活动、互联网软件开发、体育在线活动等成为体育服务的新趋势。这些多元化因素促进了体育运动功能的转变，深化了体育价值的内涵。体育活动的功能与意义、体育经济和体育服务在互联网环境下成为体育产业发展的新研究领域。

一、互联网环境下体育产业服务发展新模式

互联网引领了一系列新兴产业服务模式，为经济增长注入了新动力。例如，淘宝、互联网金融等改变了人们的生产生活方式，支付宝等线上理财产品创造了全新的交易模式，展示了互联网带来的便利服务。互联网对体育产业领域的影响主要体现在以下三个方面。

（一）运动品牌开启线上营销模式

运动品牌纷纷开启线上营销模式，这是互联网环境下体育产业发展的重要特征之一。随着互联网的普及，越来越多的运动品牌意识到线上平台的巨大潜力，开始通过电子商务、社交媒体和在线广告等方式与消费者建立更直接、更紧密的联系。这种线上营销模式不仅能够节省传统零售渠道所需的成本，还能够实现全球范围内的市场覆盖，使品牌的知名度和销售额显著提升。同时，线上营销还允许品牌与消费者进行实时互动，体育企业能够及时倾听他们的反馈和需求，从而更好地满足市场需求，提供更符合消费者期望的产品和服务。此外，许多运动品牌还提供在线购物以及售后服务等配套服务，使消费者可以更方便地选购和体验产品。

（二）移动互联网体育相关软件不断涌现

移动互联网时代涌现了大量体育相关软件，为用户提供了更多元化的体育服务，这些软件包括体育新闻应用、运动健康管理工具、在线教练平台等。用户可以通过这些应用获取最新的赛事报道、实时比分、健身训练计划等信息，实现了随时随地的体育体验。例如，用户可以使用

健身应用选择适合自己的训练课程，记录运动数据，与其他运动爱好者分享成绩，形成社交互动，提高运动的趣味性和参与感。这种移动互联网体育应用的涌现不仅为用户提供了更多便捷的选择，还激发了更多人积极参与体育活动，促进了整个体育产业的健康发展。除此之外，一些体育应用还提供在线赛事直播、票务预订以及赛后评论等配套服务，激发了用户的参与和互动的积极性。

（三）健身模式的革新

在互联网模式下，体育锻炼经历了一场深刻的革新，打破了传统健身房的种种限制。传统的健身模式往往受限于固定的场所、固定的教练和固定的训练内容，而互联网的介入使体育锻炼变得更加多样和灵活。这一革新不仅为用户提供了更多选择，也为体育产业带来了更多的机会。一方面，互联网模式弥补了传统健身模式在训练反馈方面存在的不足。传统教练指导模式往往难以提供即时的反馈和个性化的建议，导致用户的训练效果不尽如人意。而互联网的应用和智能设备可以实时监测用户的运动数据，为他们提供针对性的反馈和建议。例如，智能手环可以记录心率、步数、睡眠等数据，健身应用可以根据用户的身体状况和目标制订个性化的训练计划。这种个性化的训练模式使体育锻炼更加高效和有针对性，用户可以更好地管理自己的健康和体能。另一方面，体育锻炼的形式也变得更加多样化。传统的健身房或体育场所通常限制了人们的锻炼方式和时间，在互联网模式下，用户可以根据自己的需求和时间安排选择合适的体育锻炼方式。在线健身课程、虚拟训练场地和远程教练等丰富了体育锻炼的方式，使人们可以在家中或任何地方进行锻炼，不再受时间和地点的束缚。这种多样化的锻炼方式不仅提高了用户的锻炼积极性，还为体育产业带来了更广泛的市场。

二、互联网环境下体育产业增值服务的实践路径

(一) 运动品牌功能的转向

在互联网环境下,体育产业的增值服务实践路径呈现出引人注目的变化,尤其是运动品牌功能的转向显得尤为重要。随着数字化零售的兴起,体育品牌已逐步超越了传统商品销售的范畴,转型为一种文化象征,深刻地融入人们的日常生活。这种转型不仅标志着品牌功能的重大变革,更是对当代消费文化的一种积极回应。品牌们现在不仅仅关注产品的销售,还致力于传播一种全新的生活方式和价值观。这种价值观的传播不仅仅是对品牌形象的提升,更是对消费者行为模式的引导和塑造。

随着消费者对品牌价值和文化寓意的逐渐重视,运动品牌开始更加注重其文化内涵和社会责任的传递。这不仅增强了品牌与消费者之间的情感联系,还促进了消费者对健康生活方式的认同和追求。品牌不再单一地被视为商品的代名词,而成为推动社会进步和增进人类福祉的重要力量。通过这种方式,体育品牌在全球化和互联网时代中扮演着越来越重要的角色,不仅仅在商业领域,还在文化和社会层面产生了深远影响。

(二) 体育相关软件的研发推动了体育产业链生态的发展

在互联网环境下,体育产业的增值服务正在经历一场由技术驱动的革命,尤其是体育相关软件的研发对整个体育产业链生态的发展产生了显著影响。技术的进步使得体育软件成为增强用户体验和提高参与度的关键工具,这些软件包括从运动追踪到在线训练平台等广泛应用,有效地满足了不同消费者的需求,同时为体育产业从业者提供了前所未有的机遇和挑战。

体育软件的发展促进了个性化和定制化服务的兴起。用户可以根据自身需求选择适合自己的健身计划、跟踪运动数据,甚至与全球其他运动爱好者互动交流。这种个性化服务大大提升了用户的参与度和满意度,同时也为体育行业开辟了新的市场。此外,体育软件的普及为专业运动

员提供了更为精准的数据分析和训练指导，有助于提高他们的竞技水平，同时也为教练员和运动科学家提供了丰富的研究材料。

在商业层面上，体育软件的研发推动了体育产业链的扩展和深化。除了直接的运动健身应用，这些软件还与健康管理、运动装备销售、在线体育赛事直播等领域相结合，形成了一个多元化、互联互通的体育生态系统。这种系统不仅增强了各环节之间的协同效应，也为创新者和企业提供了丰富的商业机会，加速了整个体育产业的创新和增长。

（三）新媒体与体育产业链相互促进、协调发展

在互联网时代的背景下，新媒体与体育产业链的相互促进和协调发展展现出令人瞩目的活力和潜力。新媒体的兴起彻底改变了人们消费体育内容的习惯和方式，使得从在线体育节目到融合娱乐元素的体育活动变得更加丰富多样。观众能够通过各种新媒体平台，如社交网络、视频分享网站、直播应用等，享受到更加多元化和个性化的体育内容。这种新型的内容传播方式不仅极大地丰富了观众的选择，也为传统体育节目注入了新的活力。

新媒体的运用不仅提高了体育内容的覆盖率和观众的参与度，还极大地促进了体育产业与娱乐行业之间的融合与合作。例如，运动赛事与现场娱乐的结合、体育明星参与综艺节目以及通过新媒体进行体育赛事的直播和互动，这些都大大增强了体育媒体的吸引力和市场潜力。此外，新媒体还为体育营销和品牌推广提供了全新的平台，使得体育品牌能够通过更加直观和互动的方式与消费者建立联系，提升了品牌影响力和市场份额。

随着新媒体技术的不断进步和创新，体育产业的发展也进入了一个新的阶段。新媒体不仅为体育产业提供了广阔的市场和丰富的内容，还为体育从业者、运动员、教练员、体育科学家等提供了多样化的工作和研究机会。通过新媒体，体育活动能够更加深入人心，激发更多人对体育的热情，同时也为公共健康意识的提升作出了贡献。

第六章 体育产业发展的模式创新及实践路径

（四）体育训练与线上医疗卫生相结合的服务

互联网的飞速发展为体育训练与线上医疗卫生服务的融合提供了无限可能，开启了体育产业增值服务的新纪元。这种融合服务通过在线平台，向用户提供个性化的健康建议和训练计划，不仅极大地促进了体育参与的普及性和便捷性，还兼顾了个人整体健康的维护。线上健康服务的应用特别适合长时间久坐的上班族，为他们提供了一种既方便又高效的方式来保持身体健康和生活活力。

这种服务结合了先进的健康科技和个性化训练，能够根据个人的健康状况和生活习惯，量身定制健身计划。这不仅使得健康管理更加精准和科学，还增加了用户对健康生活方式的认识和兴趣。例如，通过运动监测应用追踪用户的运动量和睡眠质量，再结合线上健康顾问的建议，用户能够更好地了解自己的身体状况，并采取相应的健康措施。

线上医疗卫生服务的整合还有利于普及和促进健康教育。用户可以随时随地通过手机或其他智能设备接受健康教育，无论是营养指导、心理健康支持，还是运动损伤预防，都能获得专业的指导和帮助。这种方便快捷的健康服务模式不仅提高了健康服务的覆盖范围，还增强了公众对健康问题的自我管理能力。

三、互联网环境下体育服务产业发展的模式创新

在互联网环境下，基于信息技术的体育服务产业的发展迎来了以下四个方面的模式创新。

（一）运用信息化提高时效性

信息化的广泛应用正在体育服务行业中引起革命性的变化。移动互联网的迅速发展使得信息传递和服务更新变得前所未有地快捷和高效。在线平台，如电子商务网站和移动应用程序，已成为体育服务提供者与消费者沟通的桥梁。这些平台的使用使得服务提供者能够实时更新产品信息和服务内容，从而迅速响应市场动态和消费者需求。这种信息化不

仅提高了服务速度，还大幅增强了用户体验，为用户提供了更加灵活和多样化的服务选择。这种快速反应能力，使得体育服务行业能够更好地适应市场变化，满足消费者对时效性和多样性的高标准。

（二）运用大数据与云端技术细化信息服务门类

大数据与云端技术的融入为体育服务行业带来了另一个层面的变革。利用大数据分析和云计算，体育服务提供者能够处理和分析海量的用户数据，从而能够为用户提供更加细化和个性化的服务。这种技术应用不仅限于改善现有的服务方式，如体育赛事的转播、观众参与度的提升和票务服务的优化，还拓展了服务范围和深度。这些技术的应用在提升体育服务的质量和效率方面起到了关键作用。更重要的是，大数据和云技术的运用也为政府和企业提供了更深层次的市场洞察，有助于他们更好地识别市场潜力、优化体育服务的结构和布局。这种技术驱动的服务创新，不仅提升了体育产业的经济效益，还对社会文化的多元化和健康生活方式的推广产生了积极影响。

（三）注重提高体育相关产业的品牌营销价值

随着新媒体的不断发展，体育行业正在通过创新的营销方式提升品牌价值。体育综艺节目作为一种新兴的媒介形式，不仅在增强体育文化的普及和接受度方面起到了积极作用，还为体育相关产业如体育旅游，开拓了新的增长领域。体育品牌利用网络平台和移动应用程序的广泛覆盖优势，加强与消费者的互动和沟通，不仅提升了体育活动的趣味性，还促进了体育产业与旅游业的协同发展，创造了更多的经济效益和社会价值。此外，体育品牌通过这种方式与消费者建立了更为紧密的联系，增强了品牌忠诚度，并在全球范围内扩大了其影响力。

（四）开发体育与医疗卫生相关信息系统

体育与医疗卫生信息系统的开发标志着体育服务产业向高科技领域的成功转型。多媒体服务系统如在线医疗卫生系统，通过其高效的数据存储和分析功能，为用户提供了更好的健康管理方式。这类系统能够实时监测和评估用户的健康状态，提供科学的健康建议和预警。它们的运用不仅减轻了传统医疗系统的压力，也使用户能够及时获取医疗信息，避免了长时间排队等候的不便。更为重要的是，这类系统的普及提高了公众对健康问题的自我管理能力和意识，有效提升了整体生活质量。此外，体育与医疗卫生服务的紧密结合，还为公众提供了一个更加全面和便捷的健康保障体系，特别是在促进体育活动和健康生活方式的普及方面发挥了重要作用。

四、互联网环境下体育服务信息化发展模式的实践路径

目前，我国体育服务信息化发展正处于初步实践阶段，许多城市社区开始构建信息化服务体系。郑州市某社区在社会学家和信息专家的建议下，已对社区体育信息前端服务平台的构建有了系统规划，下面对其实践路径加以阐述。

（一）构建基层体育信息服务平台

构建基层体育信息服务平台是一项涵盖多方面的综合性工程，旨在通过信息化手段提高社区居民的体育参与度和健康水平。这样的平台能够有效整合社区体育资源，为居民提供便捷、全面的体育服务，并促进社区体育文化的繁荣发展。这一平台的构建主要依据社区体育的需求进行分层设计，其中第一层级涵盖八个主要类别，包括居民健康档案、社区体育公告栏、体育机构信息、体育比赛安排、体育指导服务、健身科普知识、个人体育活动和社区论坛。这些类别基本涵盖了社区体育信息服务的全部内容，能够为居民提供一个全面、多元的体育服务环境。每个类别下又进一步细分为多个子类别，以适应更具体的需求。

居民健康档案子模块的设置包括原始档案输入、在线建档、健康评估和健身计划制订等，通过数字化处理，极大地提高了数据处理的效率和准确性。社区体育公告栏的子模块则包括体育新闻、活动通知和互动交流，这些功能旨在提升居民对体育活动的认知度和参与度，同时增强

社区内的体育氛围。社区体育机构信息下的子模块，如体育组织信息发布、在线加入和审核功能，则便于居民了解并参与各类体育活动，促进了体育活动的组织和社区体育的集体参与度。此外，社区论坛、体育比赛、健身指导和个人体育活动等一级模块下的子系统，为社区居民提供了一个全面交流和学习的平台，增强了社区体育的信息化服务。在技术实现层面，社区体育信息服务系统的构建可以分为视图层、控制层和底层。视图层主要负责展示用户界面，提供数据输入输出功能，根据用户需求显示相关信息。控制层则负责管理数据发布以及服务视图层界面的切换，确保数据流通和界面交互的顺畅。底层为代码模块层，主要处理底层数据操作，保障整个系统的稳定运行。

（二）创新基层体育信息传播方式

体育信息传播方式的多样化表现为根据不同年龄段和用户群体的特点采用不同的传播途径。对于中青年用户，信息群发和移动应用程序推送是主要手段，这些方式与他们的日常生活习惯和技术使用偏好相契合，确保了信息的高效传递。而针对老年群体，则更多采用社区公告栏、口头传达、手机短信和电话等传统且亲和的方式，这些方式更符合老年人的接收习惯，保证了信息传递的有效性。此外，随着电子通信技术的发展，动态的电子屏幕正在取代传统的纸质和静态户外媒体，成为高效的局域信息传播工具。这种信息传播的创新不仅提高了覆盖范围和传播效率，还增强了信息的吸引力和易读性。

（三）重视体育信息质量

提升体育信息质量的重要性日益凸显。为了满足社区居民多样化的体育需求，专业的体育指导员在为不同年龄段居民提供定制化训练建议方面发挥着重要作用。例如，通过定期举办的基础教育课程和讲座，可以向居民普及正确的运动观念和知识，提高他们对体育活动的认识和参与度。此外，在体育服务信息的传递过程中，消除信息化障碍、确保所有居民都能顺畅接收到体育服务信息，是提高信息质量的关键一环。只有当信息传递无障碍且内容质量高时，体育服务信息化的目标才能得以实现。值得注意的是，实体的体育服务是体育信息化服务的基础。优质的体育服务不仅是实现信息化服务功能和意义的关键，也是提升信息质量的基础。在社区体育服务信息化的实施过程中，有序地开展实体体育服务是核心。通过规划和组织各类体育活动，可以实现体育信息化服务的深化发展，同时也能为社区居民提供实际的体育参与机会。这种实践支撑不仅能够提升社区居民的健康水平和生活质量，还能促进社区的和谐发展。

（四）明确基层体育信息需求

确保体育服务有效性的核心在于准确识别并满足基层民众对体育信息的具体需求。这一任务要求社区体育工作者不仅仅是信息的提供者，还是深入基层、贴近居民生活的积极参与者。通过深入了解居民的体育喜好、需求及在体育活动中遇到的具体问题，体育工作者才能够提供更为精准和有效的体育服务。社区体育工作者的角色在这一过程中显得至关重要。他们需要与居民建立密切的联系，通过日常交流、调查问卷、小组讨论等方式，收集居民关于体育活动的反馈和建议。这些信息的收集不应局限于体育活动的种类和形式，还应涵盖居民在参与这些活动时可能遇到的困难和挑战。例如，一些居民可能对如何安全有效地参与某种运动缺乏了解，或者对于特定体育设施的可达性和适用性有疑问。收集到的信息须经过系统的整理和分析，以确保服务的针对性和有效性。社区工作人员须基于这些信息，针对不同的需求群体制定特色化的体育信息服务。比如，对于热衷田径、球类运动或体育舞蹈的群体，可以提供定制化的训练计划、比赛信息、专业指导等服务。这种个性化的服务策略不仅能提高居民参与体育活动的兴趣，还能有效促进他们的身心健康。

（五）统筹各部门信息化发展并健全人才保障机制

在互联网技术日益普及的背景下，社区信息化已成为城乡发展的主要趋势，而社区体育服务信息化则是这一趋势的关键组成部分。这不仅涉及体育领域，还包括卫生、医疗、党建等方面，显示出社区信息化的全面性和多元性。要实现这一目标，社区必须整合各个模块的信息化工作，形成一个协调一致、功能完善的信息化环境。社区信息化的实施需要遵循规范化的原则，以确保信息的准确性、及时性和权威性。这涉及对各类服务信息的统一规划和发布，以提高信息传递的效率和效果。例如，在体育服务领域，信息化可以通过提供在线健身课程、数字化体育活动预订、实时运动健康监测等服务来实现。同样，卫生和医疗服务也可以通过电子健康档案管理、在线医疗咨询等方式，实现更高效的居民健康管理。

　　为了支撑这一信息化进程，建立健全的人才保障机制显得尤为重要。培养和引进具备信息化专业技能的人才，对于构建和维护高质量的体育信息服务环境至关重要。这些人才不仅需要拥有技术知识，还应深刻理解社区文化和居民需求，以便提供更为贴合居民实际的服务。在政策层面，政府和相关部门需要制定合理的社区准则和体育信息管理政策，为信息化体育服务的发展提供法律保障和社会保障。这包括明确信息安全标准，出台隐私保护规则，构建服务质量监管机制，以保障居民的权益并促进社区信息化健康发展。专业服务提供者也应与政府部门合作，积极参与社区体育服务信息化的推进。在初期，企业可能需要减少对即时盈利的关注，更多地着眼于社区服务的质量和可持续发展。通过这种方式，企业不仅能够为社区居民提供更优质的服务，还能够树立良好的社会形象，从而实现企业发展和社会责任的双赢。

第四节　民族传统体育产业融合发展模式及实践路径

民族传统体育产业作为中国体育产业的重要组成部分，不仅承载着丰富的文化价值，也展现了巨大的市场潜力。它的融合发展模式和实践路径关系到中国体育产业的整体发展以及传统文化的传承和创新。民族传统体育产业的发展需要重视文化价值和市场需求之间的平衡。这意味着在促进民族传统体育活动的普及和参与度的同时，也需要关注其文化内涵的传播和推广。在市场层面，这种平衡体现为提供高质量的民族传统体育产品和服务，同时维护和弘扬民族传统体育的文化特色和价值。为了解决产业发展过程中的问题，如基础薄弱、缺乏前瞻性等，国家相应政策的支持和指导显得尤为重要。《关于进一步加强少数民族传统体育工作的指导意见》的发布，为民族传统体育产业提供了发展方向和策略。这些策略包括增强产业基础、提高前瞻性规划以及解决供需矛盾和提升品牌价值等问题。融合发展策略是民族传统体育产业发展的关键。这意味着需要将民族传统体育产业与其他产业相结合，发掘跨领域的合作机会。例如，可以将民族传统体育与旅游、教育、媒体和娱乐等行业相结合，通过市场化手段推动产业的多元化发展。同时，这种融合还包括合理分工和资源共享，促进各行业的共生和利益共赢。

一、民族传统体育产业融合发展基本论述

（一）民族传统体育与体育产业融合的基本概念

1. 民族传统体育的概念

在《中国百科大辞典》中，"民族传统体育"被解释为"各民族在长期社会活动中创造和发展起来的、具有民族特点的、世代相传的各种体育活动的总称"。也有研究认为，它既是体育活动也是一种文化形态。例如，张选惠、李传国等主编的《民族传统体育概论》教材中将"民族传统体育"定义为"在本民族中开展的、具有浓厚民族传统特色的各种体育活动和文化的总称"。陈炜、朱岚涛等撰写的《桂滇黔少数民族传统体育文化资源调查与开发利用研究》则指出，"民族传统体育是各民族在长期的生产劳动中积累发展，延续至今，依然对社会发展产生一定作用的体育活动"。综合这些研究成果，笔者认为，民族传统体育是指各民族在长期社会实践中总结创造并延续至今的、对现代社会发展产生一定影响的、具有一定民族性和时空性的体育活动和体育文化的总称。

2. 体育产业融合的概念

产业融合作为现代经济发展中的一种现象，涉及经济、社会和文化多个层面，表现为不同产业间或产业内部不同行业之间的相互交叉和融合。这种融合不仅仅是技术或产品层面的整合，更是一种全面的经济和社会活动的结合，推动了新业态的形成和经济增长。从历史角度来看，产业融合的概念最初集中在技术领域。20世纪60年代，美国学者罗森伯格（Rosenberg）将技术融合定义为不同产业在相同生产技术的支持下共同发展的现象。随后，产业融合的研究逐步从技术层面扩展到产品层面，如尤菲（Yoffie）将其视为由技术创新引发的独立产品间的整合。进入21世纪，数字技术的广泛应用使产业融合呈现出"数字融合"的新趋势，欧洲委员会将产业融合分为技术网络平台、产业联盟和市场融合三个部分。

在国内，产业融合的研究虽然起步较晚，但是已取得显著进展。马健认为，产业融合是由技术进步和管制放松所导致的产业边界交叉和技术融合，这一过程导致了产业界限的模糊化或重新界定。木德夏、李浩和聂子龙进一步将产业融合描述为不同产业间或同一产业不同行业之间"交叉渗透—有机融合—新型业态"动态发展的过程。程林林则强调，产业融合通常体现为不同产业或同一产业内不同行业之间的相互渗透与交叉，从而促进现有产业的发展和新兴产业的形成。

产业融合理论的核心在于探讨其动力机制、发展模式及社会效应，呈现出"起因—过程—结果"的逻辑关系。这些要素与产业融合的演进过程、可能遇到的障碍等因素，共同构成了一个全面而完善的理论体系。通过这一理论体系，可以深入理解产业融合的内在动力，掌握其发展规律，从而更好地引导和促进产业融合的健康发展。

（二）民族传统体育产业融合发展的重要作用

1. 能够深化民族传统体育

民族传统体育产业的融合发展在深化民族传统体育的文化价值和社会影响方面扮演着重要角色。这种融合不仅促进了民族传统体育的现代化进程，也增强了其在全球化背景下的竞争力和影响力，同时为传统文化的传承和创新提供了新的路径。通过融合发展，民族传统体育得以与现代技术和市场经济紧密结合，从而实现其内容、形式和推广方式的创新。这种创新不仅使民族传统体育更加符合现代社会的需求，也使其更容易被广大民众所接受和参与。例如，通过数字化手段，民族传统体育活动能够通过网络平台进行直播和推广，吸引更广泛的观众群体。此外，民族传统体育的现代化改造还包括使用现代材料和技术提升体育器材的性能，以及开发与民族传统体育相关的电子游戏和移动应用，使其更加贴近年轻一代的生活方式。

融合发展还为民族传统体育的国际化提供了契机。通过将民族传统体育项目纳入国际体育赛事，或与国际体育品牌进行合作，民族传统体育得以在国际舞台上展示其独特魅力，提升国际认知度。这不仅有助于增加民族传统体育的全球影响力，也为促进文化交流和增进国际友谊提供了平台。在传统文化传承方面，民族传统体育产业的融合发展起到了关键作用。通过将传统体育与现代教育相结合，如在学校课程中加入民族体育教学，不仅能培养青少年对民族文化的兴趣和尊重，也能增强民族自豪感和文化认同。此外，民族传统体育产业的发展还带动了相关文化产品和旅游业的发展，从而促进了经济增长，提升了民族文化的社会影响力。

2. 对于民族传统体育产业发展模式的创新具有推动作用

民族传统体育产业的融合发展在新时代背景下显得尤为重要，它在与其他产业的交叉融合中发挥着显著的推动作用。这种融合不仅基于高质量的发展模式，还在于创新的融合方式，旨在引导各个相关产业的共同进步，同时弥补彼此的不足。在此过程中，不同产业间的互补性和深度融合为创造共赢的局面提供了可能。例如，随着"体育养生"概念的流行以及国家全民健身战略的推广，人们对高品质生活和健康长寿的追求愈发强烈。传统体育项目如"五禽戏"和"太极拳"因其独特价值而受到广泛关注，并得到系统性的深度挖掘。河北省人力资源和社会保障厅在2019年将太极拳纳入职工运动处方，这一做法不仅代表了传统体育项目与现代生活方式的深度融合，也展示了"体医结合"理念在新时代的发展与深化。这种融合为中国民族传统体育产业提供了更加广阔的生存空间，丰富了民族传统体育产业的发展模式，进一步证明了民族传统体育产业在新时代的发展潜力和重要性。通过这种方式，民族传统体育产业不仅能够保留和弘扬其独特的文化价值，还能够在现代社会中找到新的发展方向，满足公众对健康生活方式的需求，促进整个社会的文化繁荣和健康发展。

3. 能有效推动大众消费

民族传统体育产业的融合发展在推动大众消费方面起着至关重要的

作用，这主要体现在促进消费多样化、激发消费新需求、增加经济活力和提升文化消费水平等方面。融合发展通过将民族传统体育的魅力与现代市场需求相结合，不仅为消费者提供了更加丰富多彩的体育产品和服务，同时也为传统文化的创新和发展注入了新的活力。通过融合发展，民族传统体育产业能够开发出一系列新产品和服务，从而满足和拓展市场需求。例如，民族传统体育项目通过与现代科技的结合，可以转化为各种互动体验游戏和应用程序，吸引年轻一代的兴趣。同时，民族传统体育相关的文化产品，如纪念品、运动装备和服装等，也能够成为新的消费热点。这些产品不仅丰富了市场供给，也激发了消费者对于民族文化的兴趣和认同，从而推动了消费多样化。民族传统体育产业的融合发展能够创造新的消费场景和体验，吸引更多的消费者参与。例如，将民族传统体育与旅游、节庆活动结合，可以吸引游客参与体验，增加旅游消费和文化消费。这种结合不仅为消费者带来独特的文化体验，同时也为当地经济带来新的增长点。民族传统体育产业的融合发展还能够促进相关产业链的发展，增强经济活力。民族传统体育产业的发展需要一系列配套服务和产品，如场地建设、器材供应、教练培训等，这些都能够带动相关产业的发展，创造就业机会，促进经济增长。

二、民族传统体育产业融合发展模式与实践路径

（一）发挥政府宏观调控作用并创建多元化产业融合的驱动平台

民族传统体育产业的融合发展模式和实践路径需要聚焦于发挥政府宏观调控作用和创建多元化产业融合的驱动平台。政府在推动民族传统体育产业发展中扮演着重要角色，通过有效的宏观调控和统筹规划，能够为产业的健康成长提供坚实的基础和指导方向。政府宏观调控的首要任务是为民族传统体育产业的发展提供一个稳定、公平的外部环境。这包括制定相关政策、法规以及标准，确保产业的有序竞争和健康发展。例如，建立民族传统体育产业发展的政策框架，为产业内的各个参与者

提供明确的发展方向和操作规范。此外，政府还需要加强对该产业的财政支持和税收优惠，激发市场主体的活力和创新能力。

在创建多元化产业融合的驱动平台方面，政府可以通过多种方式促进民族传统体育产业的发展。一方面，建设以民族传统体育为主导的特色小镇、体育公园等，不仅为民众提供了丰富的体育文化活动空间，也为民族传统体育产业的市场化和品牌化提供了物质基础，更在促进当地经济发展的同时，实现了文化与经济的双赢。另一方面，推动民族传统体育在互联网等数字平台上的深度融合，是拓宽产业发展空间的有效途径。通过网络平台，民族传统体育的教学、展示和交流活动能够覆盖更广泛的受众，使民族传统体育更容易被公众所接受。

（二）创建全新的民族传统体育融合途径

民族传统体育产业发展面临新的机遇和挑战，创新融合成为推动其发展的关键路径。在探索民族传统体育产业的融合发展模式时，关键在于将民族传统体育与中国传统文化精神紧密结合，同时融入现代技术，贴合市场需求，从而开辟全新的发展途径。一种具体的融合发展模式是结合传统节庆、体育文化、互动体验以及自然资源来构建综合的民族传统体育活动。这种模式不仅保留和弘扬了民族传统体育的文化内涵，也吸引了更多的参与者。

利用现代社交媒体平台如QQ、微信、微博等进行宣传和推广，是提高民族传统体育产业影响力的重要手段。这些平台能够帮助民族传统体育活动触及更广泛的受众群体，提升其知名度和吸引力。通过社交媒体推介吸引人的民族传统体育活动路线，提供即时下单、团购等优惠活动，能够有效吸引消费者参与。互联网资源的有效利用也是推动民族传统体育产业发展的重要策略。例如，通过直播平台展示民族传统体育活动，不仅可以引导消费者参与线上互动，还能开辟新的融资途径，缓解资金紧张的问题。这种新兴的传播方式能够让民族传统体育活动触及更广阔的观众，激发他们对民族传统体育的兴趣，从而促进产业的融合发展。通过这些创新的融合发展模式，民族传统体育产业不仅能够与现代技术和市场需求更好地结合，还能为自身发展带来新的机遇。

（三）开辟多元化体育产业融合发展渠道

开辟多元化的体育产业融合发展渠道对于弘扬和传承民族传统体育具有重要意义。国家体育总局与国家民族事务委员会发布的《关于进一步加强少数民族传统体育工作的指导意见》为民族传统体育产业的融合发展提供了明确的指导和方向。根据这一指导思想，开创适应时代发展的多元化民族传统体育产业融合发展渠道成为重要任务。首先，要对民族传统体育进行精细化筛选，挖掘其独特价值和魅力。例如，在组织龙舟比赛的同时，举办河岸斗牛、赛马等民俗活动，这不仅能丰富活动的内容，也能增强民族传统体育的吸引力。其次，要重视与游客和消费者的互动，通过提供参与和体验的机会，使民族传统体育活动成为一种消费和体验的新方式。

深入研究市场需求也是民族传统体育产业融合发展的重要组成部分。通过结合实际情况和发展现状，创立具有品牌影响力的融合性产业，为民族传统体育产业开辟新的发展空间。相关产品的升级和改良，如结合当地特色文化元素创作新的工艺品，不仅增强了产品的收藏价值和意义，也为民族传统体育产业的市场拓展提供了新的可能性。例如，佛山举办的龙舟赛与当地石湾陶瓷结合，创造出具有现代审美的陶瓷龙舟工艺品，这种融合不仅满足了消费市场的需求，也为民族传统体育产业注入了创新元素。这样的策略不仅能够促进消费，提升品牌知名度，还能为民族传统体育产业的融合发展开辟新的路径。

（四）精准分析并定位大众锻炼的具象化需求

在民族传统体育产业融合发展模式与实践路径研究中，精准分析并定位大众锻炼的具象化需求显得尤为重要。这要求行业深刻理解并满足现代人在快节奏生活中对体育锻炼的需求，同时发挥民族传统体育在促进身心健康方面的独特优势。社会发展和竞争环境的变化给人们带来了压力和紧张，民族传统体育项目如五禽戏、太极拳等，凭借其独特的"内外合一"特性，不仅能帮助现代人释放压力，还能提供一种调节生理和心理健康的有效手段。这些传统体育项目融入现代人的日常生活，不仅可以增强身体素质，也能培养心态平和、精神愉悦的生活方式。

为了更好地满足大众对民族传统体育的需求，利用大数据技术深入了解和把握公众对锻炼的具体需求成为关键。通过分析大数据，可以准确捕捉到消费者对不同民族传统体育项目的偏好和需求，从而有针对性地为他们提供适合的锻炼方案和服务。这样做能够确保"以人为本"理念更好地融入民族传统体育的发展中，帮助消费者在较短时间内找到适合自己的锻炼方式，实现身心的放松和健康。民族传统体育产业的融合发展还为消费者提供了多样化的相关产品选择。从体育器械到文化衍生品，消费者可以根据个人需求和兴趣选择适合自己的产品，这不仅增加了消费者的参与感和获得感，还为整个民族传统体育产业的发展注入了新的活力。这种融合发展模式既满足了消费者的个性化需求，也推动了民族传统体育产业的创新和发展。

三、民族传统产业融合发展模式与实践路径案例——以湖北省恩施土家族苗族自治州的传统体育与旅游融合发展为例

（一）恩施土家族苗族自治州的民族传统体育与旅游发展概述

1. 恩施土家族苗族自治州的民族传统体育发展概述

湖北省恩施土家族苗族自治州在中国的少数民族地区中以其丰富的少数民族传统体育项目而闻名，这些体育项目不仅是当地人民生产生活的一部分，也为当地的旅游业发展提供了宝贵资源。恩施土家族苗族自治州的传统体育项目种类繁多，涵盖了多个民族的特色运动，这些资源经过分类整合，增强了它们的吸引力。

2. 恩施土家族苗族自治州民族传统体育赛事

近年来，恩施土家族苗族自治州积极举办了诸多体育赛事，利用其

人文生态资源优势，年均举办近10项大型体育赛事。其中，2019年在利川市举行的第九届少数民族传统体育运动会尤为知名，以其规模之大、水平之高、参与人数之多被誉为历届省级民族运动会中的佼佼者。另外，恩施大峡谷热气球旅游节已成为定期举行的盛事。这些赛事极大地促进了恩施土家族苗族自治州经济的增长。研究表明，尽管收益会受到活动类型、参与方和举办季节的影响，但大型体育活动对旅游业的发展仍具有显著的推动作用。

3.恩施土家族苗族自治州的传统体育非物质文化遗产

恩施土家族苗族自治州的传统体育非物质文化遗产是该地区文化多样性和历史传承的重要组成部分，根据国家和恩施土家族苗族自治州非物质文化遗产的定义，这些遗产包括传承丰富的少数民族传统体育文化表现形式、实物和空间，不仅涵盖了传统舞蹈和传统体育、游戏与竞技两大类别，还包括一系列具有独特文化特色的活动。这些活动有的被列入国家级非物质文化遗产名录，也有的被纳入州级以上非物质文化遗产名录。恩施土家族苗族自治州的这些丰富而独特的非物质文化遗产遍布其二市六县，为当地民族传统体育的吸引力和魅力增添了重要的一笔。

（二）恩施土家族苗族自治州的民族传统体育与旅游融合发展基础条件

恩施土家族苗族自治州作为多民族聚居地区，其少数民族传统体育与旅游业的融合发展基础条件主要表现为产业关联性与资源共享性两个方面。这种融合发展不仅能够促进经济增长，还能加强文化的传播与交流。

在产业关联性方面，少数民族传统体育与旅游业之间存在着密切的联系和互补性。根据美国经济学家里昂列夫的矩阵分析方法，体育产业与旅游业之间的关联度极高。恩施土家族苗族自治州的传统体育项目，不仅是体育运动，更是文化的象征。民族传统体育项目通过有效的市场营销，能够成为吸引游客的独特旅游产品。举办少数民族运动会、传统节庆活动，不仅能够促进体育消费，也为旅游业带来了新的增长点，实现了两个产业的协同发展。

在资源共享性方面，恩施土家族苗族自治州的传统体育通过与旅游业的紧密结合，共享市场资源，实现了双方的互利共赢。根据《旅游资源分类、调查与评价》国家标准，体育节、民间健身活动、赛事和体育健身场馆等均被视为旅游资源的一部分。恩施土家族苗族自治州利用其独特的民族传统体育资源，如特色村寨、传统体育场馆、民俗体育表演等，吸引游客体验不同的文化和体育活动。这种资源共享不仅提高了旅游资源的使用效率，还丰富了旅游产品的多样性，增强了游客的体验感。

（三）恩施土家族苗族自治州传统体育与旅游融合发展动力

1. 拉动力——消费需求的改变和提升

拉动力主要体现在消费需求的改变和提升上。随着旅游业黄金期的到来，消费者对于个性化、特色化旅游产品的需求不断增长，这为恩施土家族苗族自治州的传统体育与旅游业的融合发展创造了巨大的市场空间。恩施土家族苗族自治州丰富的民族文化资源和壮观的自然风光，为旅游消费者提供了独特的体验。随着消费者对高品质、特色化旅游体验的追求，恩施土家族苗族自治州的传统体育活动成为吸引游客的亮点。这种对高品质文化体验的追求，正推动着恩施土家族苗族自治州传统体育与旅游业的融合发展不断深化。

2. 驱动力——企业竞争加剧

驱动力则体现在企业竞争加剧上。为了适应市场竞争，提升自身竞争力，体育和旅游企业之间的合作日益增多。这种跨行业的合作不仅提升了资源利用率，也创造了更大的经济效益。恩施土家族苗族自治州的旅游企业与少数民族传统体育组织的合作，是这一驱动力的具体体现。通过合作，旅游企业不仅能够提供更加丰富多彩的旅游产品，还能开拓新的消费市场，促进恩施土家族苗族自治州旅游业的发展。

3. 原动力——技术的革新

原动力则在于技术的革新。技术创新不仅推动产业融合的发生，还扩大了恩施土家族苗族自治州的传统体育与旅游业的融合发展范围和深度。例如，现代交通技术的发展使得远程旅游变得更加方便快捷，通信技术的进步也使得信息传播更加迅速广泛。科技进步降低了旅游产品成本，提高了产品获取的便利性，使得恩施土家族苗族自治州的旅游和体育产业能够更好地相互联系，相互促进。

4. 支撑力——国家政策的支持

国家政策的支持作为恩施土家族苗族自治州传统体育与旅游产业融合发展的重要支撑力，对于推动产业的转型升级和综合发展起着关键作用。近年来，中国政府在促进产业融合方面出台了一系列政策，这些政策不仅体现了政府对产业发展趋势的深刻理解，也体现了国家对民族传统体育及旅游业发展的重视和支持。自2009年起，中国政府鼓励有条件的地区发展体育旅游，标志着国家对体育与旅游业融合的初步认可和支持。特别是在2018年，国家体育总局等机构发布《关于进一步加强少数民族传统体育工作的指导意见》，更加明确了在新时代背景下，深化民族团结和体育强国建设的重要性。这一政策的出台，不仅强调了繁荣和发展少数民族传统体育的重要性，也为民族传统体育的发展指明了方向。恩施土家族苗族自治州政府在2018年发布的加强品牌建设政策，则特别强调了生态文化旅游品牌的培育。这一政策支持各类主体深挖和充分利用恩施土家族苗族自治州丰富的历史文化遗产资源，培育具有恩施特色的文化旅游产业品牌。这不仅推动了恩施土家族苗族自治州从旅游资源大州向旅游产业强州的转型升级，也为民族传统体育与旅游业的融合发展奠定了坚实的政策基础。

（四）恩施土家族苗族自治州传统体育与旅游融合发展新模式

1. 民族传统体育赛事与旅游

在民族传统体育赛事与旅游方面，恩施土家族苗族自治州利用丰富的少数民族体育资源成功举办了多种赛事，尤其是湖北省少数民族运动会。这些赛事通常包括参赛型和观赛型两种形式，不仅丰富了当地文化，还有效推动了地方经济的增长。例如，恩施土家族苗族自治州举办的特色赛事，吸引了大量游客参与和观赏，增加了旅游业的吸引力。通过这些活动，游客能够直接体验和感受少数民族的传统文化和体育精神。

2. 民族传统节庆与旅游

在民族传统节庆与旅游方面，恩施土家族苗族自治州的活动如女儿会等，融合了传统体育项目与舞蹈表演，展示了丰富的土家族文化和习俗。这些节庆活动不仅是当地文化的展示，也成为吸引游客的重要内容。例如，2019年的女儿会在首日吸引了约3万名游客，展示了恩施土家族苗族自治州旅游业的巨大潜力和吸引力。这些节庆活动让游客有机会深入了解当地少数民族文化，并与当地居民互动，切身体验少数民族生活。

3. 健身休闲与旅游

恩施土家族苗族自治州的传统体育与旅游融合发展新模式展现了健身休闲与旅游的完美结合。这些传统体育活动深植于民族的生产生活中，成为居民休闲时的首选。恩施土家族苗族自治州内的传统体育组织定期举办相关活动，将其推广至社区和广场，这不仅丰富了当地居民的文化生活，还吸引了大量游客。这些活动不仅让日常生活更加丰富多彩，也促进了特色村寨和公园的发展，成为吸引游客的亮点。游客们在参与这些活动的同时，得以亲身体验和深入了解当地的民俗文化和传统风情。

4. 自然景观与旅游

恩施土家族苗族自治州的传统体育与旅游融合发展新模式在自然景观与旅游方面表现出独特的魅力和潜力。恩施土家族苗族自治州拥有丰富的少数民族传统体育资源和独特的自然景观，这两者的结合为旅游业发展提供了丰富的素材和广阔的空间。国家5A级景区恩施大峡谷，展示了如何通过自然景观吸引游客，并通过举办少数民族传统体育趣味比赛和民族歌舞表演增强游客的体验。恩施大峡谷景区内开发了不少少数民族传统体育旅游资源，为游客提供了独特的娱乐和体验机会。这些活动不仅丰富了游客的旅游体验，还展示了恩施土家族苗族自治州丰富多彩的民族文化和传统体育项目。例如，2019年大峡谷景区开展的体育旅游项目极大地增加了接待游客量，显示了民族传统体育与自然景观融合的巨大吸引力。这种融合不仅推动了恩施土家族苗族自治州当地经济的发展，也创造了大量的就业机会。通过民族传统体育与旅游的结合，恩施土家族苗族自治州积极进行基础设施建设，提高地区的旅游吸引力和竞争力。这不仅为游客带来了更加丰富和多样的旅游选择，也为当地居民带来了经济上的实际利益。

参考文献

[1] 苗苗. 社会发展新常态下体育产业发展研究 [M]. 北京：中国原子能出版社，2019.

[2] 李龙. 中国体育产业发展问题的伦理审视 [M]. 北京：中国经济出版社，2017.

[3] 徐金庆，高洪杰. 体育产业市场建设及其竞争力研究 [M]. 北京：中国书籍出版社，2021.

[4] 许赛赛. 体育产业经营管理理论研究与实践探索 [M]. 北京：中国经济出版社，2020.

[5] 骆秉全，冯国有，骆同. 北京市冰雪体育产业发展的现状、困境与路径 [J]. 首都体育学院学报，2022，34（6）：641-648.

[6] 贺建飞，翟瑞芳. 新时代体育产业助推乡村振兴的价值审视与实施路径 [J]. 智慧农业导刊，2022，2（21）：129-131，134.

[7] 郎永超，沈克印，章钰晗. 体育产业数字化转型的现实挑战与推进策略 [J]. 体育教育学刊，2022，38（5）：9-15.

[8] 韩垚. 休闲体育产业与数字经济深度融合的机制及路径 [J]. 产业创新研究，2022（19）：136-138.

[9] 刘全，王清梅. 我国体育产业发展中的问题与对策 [J]. 当代体育科技，2022，12（29）：129-132.

[10] 崔亚芹, 张洋, 李正鑫, 等."双循环"背景下体育产业高质量发展内在机理与实现路径[J].吉林体育学院学报, 2022, 38（5）: 39-45.

[11] 陈德旭.新时代我国体育产业高质量发展内涵、困境及策略[J].体育文化导刊, 2022（9）: 67-73, 96.

[12] 孙晋海, 王静."双循环"新发展格局下体育产业数字化转型路径研究[J].沈阳体育学院学报, 2022, 41（5）: 103-110.

[13] 聂晓梅, 曲永鹏, 易锋, 等.体育产业经济效益对经济建设的作用[J].鄂州大学学报, 2022, 29（5）: 48-49, 68.

[14] 李子彪, 王思惟, 高光琪.高质量发展背景下中国冰雪体育产业链的整合模式及对策[J].当代经济管理, 2022, 44（12）: 63-72.

[15] 范松梅, 白宇飞.我国体育产业结构变迁及其优化路径研究[J].西安体育学院学报, 2022, 39（5）: 533-540.

[16] 曹玛丽.大数据时代下的我国体育产业高质量发展策略[J].商业经济, 2022（10）: 53-54.

[17] 李杰.2022冬奥会背景下冰雪体育产业发展研究[J].现代商贸工业, 2022, 43（19）: 13-14.

[18] 吴明放.高校体育产业管理人才培养探究[J].湖北开放职业学院学报, 2022, 35（15）: 56-58.

[19] 赵良瑜, 高岩.黄河流域体育产业融合发展战略研究[J].湖北体育科技, 2022, 41（7）: 589-595.

[20] 刘尹, 敬龙军."数字中国"建设引领下体育产业数字化转型: 逻辑、困境、思路[J].安徽体育科技, 2022, 43（3）: 18-23.

[21] 任波.数字经济时代中国体育产业与体育消费互动的内在机制与

升级策略[J].山东体育学院学报,2022,38(3):25-34.

[22] 吴紫阳.体育产业发展面临的机遇及建议[J].合作经济与科技,2022(13):40-41.

[23] 夏伯荣.体育赛事与城市休闲体育产业耦合现象研究[J].文化产业,2022(17):148-150.

[24] 张井水.区域体育产业发展的影响因素与发展策略探索[J].黄山学院学报,2022,24(3):71-74.

[25] 任波,黄海燕."双碳"目标下中国体育产业结构优化的内在机理与升级策略[J].体育学研究,2022,36(4):75-87.

[26] 武圣松.中国体育产业的国际化发展探究[J].当代体育科技,2022,12(15):101-104.

[27] 金璐.全民健身战略下体育产业发展探究[J].合作经济与科技,2022(11):44-45.

[28] 宋秋喜."十四五"时期河北省体育产业高质量发展的路径研究[J].经济论坛,2022(5):61-66.

[29] 潘玮,沈克印."双循环"新发展格局下体育产业高质量发展:价值内涵、机遇挑战与治理路径[J].河北体育学院学报,2022,36(3):38-47.

[30] 金晓飞.新时代体育产业对经济发展的影响和应对对策探究[J].商业文化,2022(13):110-112.

[31] 芦特.数字经济背景下体育产业转型升级的动力机制研究[J].财经问题研究,2022(5):46-54.

[32] 张怀敏.新时期体育产业投融资瓶颈及其路径研究[J].南京体育学院学报,2022,21(4):22-26.

[33] 任波,黄海燕.体育强国建设背景下我国体育产业现实问题与发

展策略[J].体育文化导刊,2022(4):68-74,89.

[34] 刘香音.我国体育产业发展策略[J].合作经济与科技,2022(8):23-25.

[35] 李友良,熊玉珺,李兴.浅谈我国体育产业经济发展制约因素与实施路径[J].中国商论,2022(5):151-153.

[36] 李家发,都慧慧.乡村振兴背景下阿坝州乡镇体育产业融合发展路径研究[J].运动精品,2022,41(3):78-80.

[37] 刘山玉.数字经济驱动体育产业高质量发展的实践路径[J].河南科技,2022,41(5):136-139.

[38] 王奕芃.体育强国建设背景下体育产业政策法律化研究[J].产业创新研究,2022(4):66-68,153.

[39] 韦淼.体育经济政策视角下体育产业发展研究[J].经济师,2021(12):250-251,254.

[40] 汪艳,王跃,李杰.体育产业区域发展的需求侧动力研究——基于空间计量模型的实证[J].湖北体育科技,2022,41(2):95-100,168.

[41] 张献辉,张海.河北省休闲体育产业高质量发展路径研究[J].商业文化,2022(4):114-115.

[42] 蔡朋龙,李树旺.体育产业结构优化中体育服务业占比研究[J].体育学刊,2022,29(1):53-60.

[43] 姜同仁,郭振,王松,等.中国体育产业发展回顾与"十四五"前景展望[J].天津体育学院学报,2022,37(1):51-59.

[44] 刘岩.农村体育产业发展困境及出路[J].合作经济与科技,2022(3):36-37.

[45] 韩朝阳,杨苓,李拓键.我国体育产业数字化转型的现实需求与

实现路径[J].湖北体育科技,2022,41(1):6-10,40.

[46] 黄海燕,康露.新时代体育产业高质量发展的理论逻辑与实施路径[J].体育科学,2022,42(1):15-34,58.

[47] 钱俊伟,李荣日.新发展格局下体育产业发展动能的理论逻辑、现实审视与模型构建[J].西安体育学院学报,2022,39(1):54-63.

[48] 韩晨,文沫霏.体育赛事与城市休闲体育产业耦合现象分析[J].当代体育科技,2022,12(1):1-5.

[49] 杜文杉.体育产业经济效益对经济建设的促进作用分析[J].产业创新研究,2021(23):82-84.

[50] 郑利辉.基于共享经济理念的体育产业发展[J].营销界,2021(Z7):44-46.

[51] 牟柳,朱子义,田广.我国体育产业与人口结构互动关系研究[J].西南师范大学学报(自然科学版),2021,46(12):123-131.